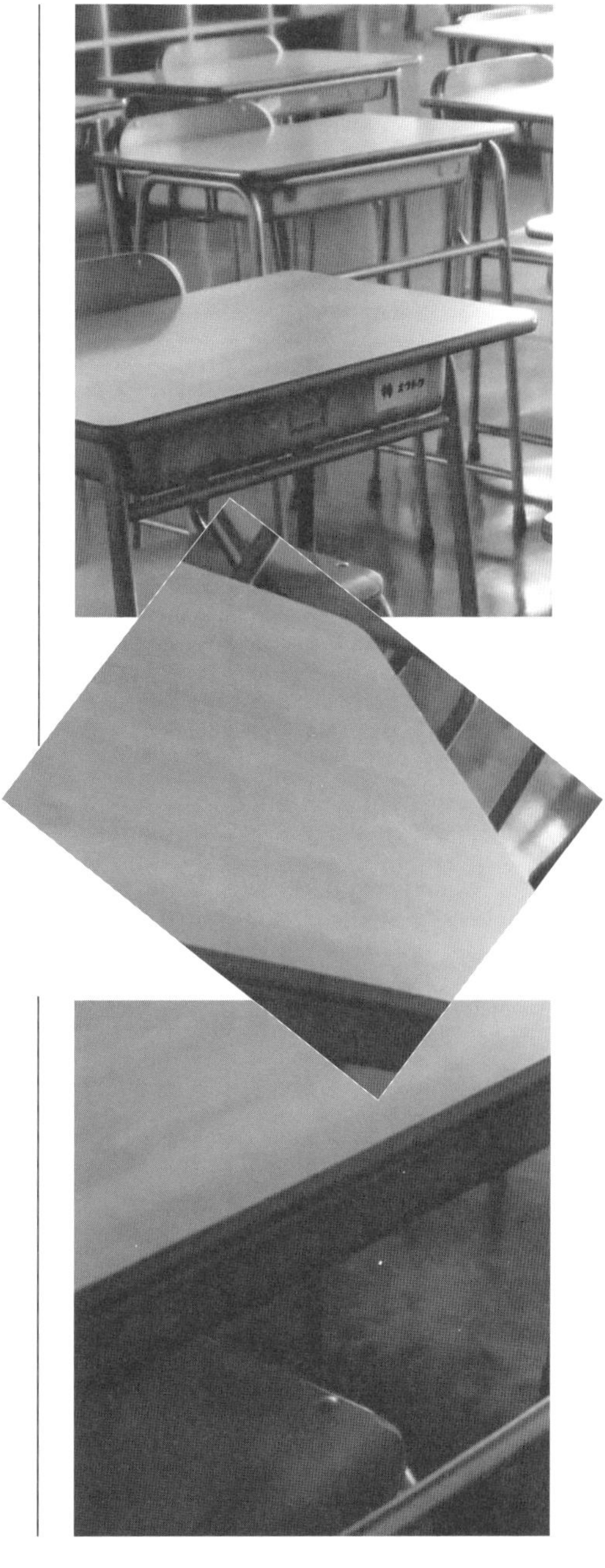

教員の長時間勤務問題をどうする？

◆研究者からの提案

中嶋哲彦◆広田照幸◆編

世織書房

教員の長時間勤務問題をどうするか？

◆研究者からの提案

中嶋哲彦・広田照幸・編

世織書房

はじめに

広田照幸

全国の公立学校教員の長時間勤務の深刻さが問題になっています。「教職員の働き方改革」が進められてきていますけれども、抜本的な事態の改善とは、ほど遠い状態です。中央教育審議会では、この問題への対処が議論されてきていますが、今のところ、あまり期待できるような方向性はみえてきていません。どうしたらよいのでしょうか。この本は、教育について研究してきた研究者が、その解決策を提案していきます。

一般的に、社会的事象の現状認識については、学問的に一つの答に収斂させていくことが可能ですが、未来についての言明はさまざまにありえます。というのも、「どう改善すればよいのか」は、前提や条件をどう考えるかによって、一つの答にはならないで、多様な「答」がありうるからです。現実的な改善策から思いきった改革、当面の改善策から遠い先にめざす改善目標まで、いろいろあるわけです。見せかけだけの弥縫策もあります。

教員の長時間勤務問題も同様で、今あれこれ出てきて議論されている「答」の中には、ごく軽微な改善にとどまるものや困った副作用が懸念されるものも多くあり、むしろ、本当に有効な解決策が「お金がかかる」という理由で議論の俎上に上がらない状態です。

教員の長時間勤務の問題は、制度の問題とお金の問題とがからんでいる構造的な問題ですから、個々の学校での努力で軽減できることは限られています。「現場で努力せよ、工夫せよ」といわれても、それだけでは解決できません。しかし、文部科学省も財務省も問題の本質をあえて見ないようにしているのか、本腰を入れてこの問題を解決しようとしているようには思えません。

この本は、教育学研究者の手で具体的で実効性のある解決策を提案するために作られました。その契機は、二〇二三年春に中嶋哲彦さん（名古屋大学名誉教授・愛知工業大学教授）が声をかけて何人かの教育学研究者が発起人になり、周囲の研究者に呼びかけ人になってもらって始まった全国署名運動です。署名運動は、同年五月三一日から「教員の長時間勤務に歯止めをかけ、豊かな学校教育を実現するための全国署名」をＷＥＢと紙で開始しました。署名は全部で一八万二二二六筆集まり、二〇二四年二月一五日に文部科学省に提出しました。

私たち研究者は、社会的な運動をするのは上手ではありませんが、問題の考察については専門家です。全国署名の運動の一環として二〇二三年七月、九月に二度のシンポジウムを開催しました。そこでは教員の長時間勤務の問題の現状の確認と解決に向けた検討を行いました。興味深い報告がなされ、熱い議論が交わされました。とても面白いシンポジウムでした。

中嶋さんと広田との間で、「会場に来ていただいた人が納得するだけではもったいないような、充実した中身だった」という話になり、本を作る話が進みました。シンポジウムの報告の中から解決に向けた提案を中心にしたものを抜き出して、さらに補完的な論点の考察を何人かの人に書いてもらって、「研究の世界からの提案」としてまとめることになりました。

この本の各章は、教員の長時間勤務問題の改善に向けた具体的な提案を行っています。右で述べたように、「どう改善すればよいのか」には多様な「答」がありうるわけで、章ごとに改革に向けた提言の方向は少しずつ違います。しかし、本書を読んでいただくとわかるように、どの章にも共通している方向性があります。それは、「しっかりと法改正や財政投入をして条件整備を進めることが、教員の長時間勤務問題の解決に向けて何よりも必要だ」という点です。教育関係者の方も、世間の一般の方々にも、ぜひこの点を共有していただき、改革をめぐる議論が小手先のものにとどまってしまわないように、目を向けていってほしいと思います。

本書が想定する主要読者は文科省や教育委員会の行政関係者、学校の管理職や教員、教育学者や学生・院生などですが、世間の一般の人たちにも手に取ってもらいたいと思います。教育政策を動かす後押しは、世間の人たちの声だからです。世論が「教育にもっと人と予算を」というふうになれば、財務省の方の姿勢も変わっていくかもしれません。

二〇二四年一月二三日

教員の長時間勤務問題をどうする？・目次

2 ▼浜田博文

教員一人当たりの持ちコマ数の削減を……30

3 ▼中嶋哲彦

義務標準法の改正で教職員定数の大幅増員を……51

さまざまな考察と提言

教員の長時間勤務問題をどうする？

◆ 研究者からの提案

1・中嶋哲彦＋広田照幸

〈総論〉問題解決に向けた提案をしていくために

1◆はじめに

この章では、公立学校教員の慢性的な長時間勤務の現状とその歴史的経緯を確認したうえで、なぜこのような事態になっているのかを整理してみます。問題解決に向けた提案をしていくためには、まずは実態や制度をきちんと把握しておくことが必要だからです。

一般の労働者の話から始めます。全国各地の労働局（都道府県におかれる厚生労働省の出先機関）は、管轄地域内の事業所において長時間労働や残業代不払いなどの違法行為がないか調査し、その結果を毎年一〇月から一一月にかけて公表します。テレビや新聞もそれらを重大なニュースとして大きく扱っています。一カ月当たりおおむね八〇時間を超える時間外・休日労働は労働者の健康を蝕むリスクがきわめて大きく（過労死ライン）、これを超えて働かせることは禁止されています。時間外労働が月四五時間を超えることができるのは年六カ月が限度とされています。また、実際には働かせているのに所定の残業代を支払わないことがあれば、それは違法であることは言うまでもありません。各労働局は法律に基づいて事業所に是正を勧告し、悪質な事業所にはより厳しく対処しています。

ところが、公立学校の教員の多くが一カ月当たり八〇時間を超える長時間労働に従事していることは報道されることがありますが、それらは法律違反とはされていません。しかも、残業代は一円も支払われていませんが、これもまた法律違反とは言われません。労働局が動くこともありません。どうしてなのでしょうか。

なぜなら、公立学校教員には残業代を支給しないことを定めた法律があり、またそもそも公立学校教員は教育委員会や校長が命じていないのに勝手に働いているとされているのです。教員が夜遅くまで長時間学校に留まっているのは、本人の「自発的行為」とされ、それは「勤務ではない」とされているからです。

いま公立学校が何とか存続しているのは、この制度上の不合理に耐えながら教員らが働いてくれているからです。不平を言ってもどうにもならないと、諦めている人が多いかもしれません。しかし、公立学校教員はみな、疲れ切っています。早期退職する人、病気になって休職する人も少なくありません。労働者として人間として大切なことを諦めて働いている教員は、子ども・若者に未来への希望を語れるのでしょうか。教員をこんな状態においておくことは、同じ働く仲間として、子ども・若者の親として、また教員のお世話になっている子ども・若者として許されるのでしょうか。

そのうえ、病気休職する教員が多く、全国各地で教員不足が問題になっています。必要な教員を確保できない学校も少なくありません。新たに教員になろうとする若者も減少傾向にあります。どんな素晴らしい教育計画を立てても、それを現場で担う教員が確保できなければ、すべて絵に描いた餅です。このままでは、学校はもちません。一日も早く、長時間勤務問題を解決し、教員が元気よく働けるようにしなければなりません。

本章では、最初に公立学校教員の長時間勤務やその影響の実態を確認します。その際、主として文部科学省や厚生労働省による調査結果を活用し、補完的に教職員組合による実態調査も利用します。次に、公立学校教員の長時間勤務や残業代不払いが違法とならない理由を、歴史的経緯を交えながら説明します。その次に、教員の仕事の全体量が過密になりながらそれに見合った教員の増員がなされてこなかったことを説明します。これを読まれることで、公立学校教員がきわめて不合理で、勤務実態から乖離した制度の下で働かされているか理解できると思います。最後に、これを改善するために必要な制度改革や法律改正のポイントを明らかにします。

「働き方改革」という言葉があります。この言葉には、労働者が自分自身の働き方を主体的に改善していこうというニュアンスが含まれるのだと思います。しかし、公立学校教員の長時間勤務問題は、教員を働かせる仕組みを改善しない限り改善できません。その意味では、「働かせ方改革」つまり教員を働かせる側（国や都道府県、教育委員会）の改革が必要です。

2◆学校がもたない、子どもの教育を続けられない

1　公立学校教員の多くに過労死リスク

まず、公立学校教員の長時間勤務やその影響の実態を確認しましょう。文部科学省が実施した「教員勤務実態調査（令和四年度）」によると、二〇二二（令和四）年度の一〇・一一月期における小学校教諭の在校等時間は平均で一〇時間四五分、中学校教諭は一一時間一分、高等学校教諭は一〇時間六分でした（表1参照）。

この調査は小中学校については二〇一六（平成二八）年度にも行われており、それと比べるといずれも三〇分

表1　教員の1日当たりの在校等時間（2016・2022年度10・11月）

（単位＝時間：分）

		小学校		中学校		高等学校
		2016年度	2022年度	2016年度	2022年度	2022年度
平日	校長	10:37	10:23	10:37	10:10	9:37
	副校長・教頭	12:12	11:45	12:06	11:42	10:56
	教諭	11:15	10:45	11:32	11:01	10:06
休日	校長	1:29	0:49	1:59	1:07	1:37
	副校長・教頭	1:49	0:59	2:06	1:16	1:18
	教諭	1:07	0:36	3:22	2:18	2:14

出典：文部科学省「教員勤務実態調査（令和４年度）」（2023年４月）。

ほど短くなっています。「学校における働き方改革」が二〇一九（平成三一）年ごろから本格的に進められてきた成果とも言えますし、新型コロナ禍の影響で学校行事や部活動が縮小した点も影響していると見ることもできます。

数年前の調査と比べて教員の在校等時間が短くなったといっても、それでもやはりひどい数字です。公立学校教員をふくめた地方公務員の所定勤務時間は七時間四五分ですから、教諭の残業時間は平均して一日約三・五時間ほどになります。一週間当たり一七・五時間、月の勤務日数を二〇日とすると一カ月七〇時間も残業をしていたことを意味します。これは平均です。このあと詳しく述べるように、多くの教員がいわゆる過労死レベル（月八〇時間）を超えて働いていました。また、公立学校教員は休日には勤務がないはずですが、土・日の平均在校時間は小学校教諭三六分、中学校教諭二時間一八分、高等学校教諭二時間一四分でした。土・日にも、クラブ・部活動や授業準備のために出勤する教員が多いのです。

なお、文科省は「在校等時間」という言葉を使っていますので、この語を少し説明します。この「在校等時間」は、「教師が校内に在校している時間及び校外での勤務の時間を外形的に把握した上で合算し、そこから休憩時間及び業務外の時間を除いた時間」と定義されています。職員室で食べる昼食の時間や、夕方以降に学校にとどまって授業準備や研修（自己研鑽）をした時間などは計算に含まれないので、それらを入れると教師が学校にとどまっている実際の時間はもう少し長いといえます。

ただし、一般の企業では、「お昼のランチタイム」がありますが、教員は仕事としての給食指導や雑務の山で、十分に休憩時間もとれないまま勤務しています。労働基準法に基づけば、本当なら四五分の休憩が付与されるはずですが、日本教職員組合（以下、「日教組」と記す）による二〇二二年の調査では、平均一二・〇分にすぎず、休憩時間「〇分」という教職員が小学校では四五・三％、中学校でも四一・二％に上ります（日本教職員組合『二〇二二年学校現場の働き方改革に関する意識調査』）。

表2　公立小中学校教諭の１週間の在校等時間

（単位＝%）

	小学校教諭		中学校教諭	
	2016年度	2022年度	2016年度	2022年度
40時間未満	0.8	2.6	0.7	2.5
40時間～45時間未満	3.9	9.0	2.4	6.4
45時間～50時間未満	13.4	24.0	8.0	13.9
50時間～55時間未満	24.0	30.3	14.8	20.2
55時間～60時間未満	24.4	20.0	16.5	20.3
60時間～65時間未満	16.3	8.8	17.0	15.8
65時間～70時間未満	9.9	3.6	14.0	10.0
70時間～75時間未満	4.5	1.1	10.9	5.7
75時間～80時間未満	1.7	0.5	7.3	3.1
80時間～85時間未満	0.7	0.2	4.6	1.2
85時間～90時間未満	0.2	0.0	2.2	0.5
90時間～95時間未満	0.1	0.0	1.1	0.2
95時間～1000時間未満	0.0	0.0	0.4	0.1
100時間以上	0.0	0.0	0.2	0.0

出典：文部科学省「教員勤務実態調査（令和４年度）」（2023年４月）。

表2からは、長時間勤務の実像がより具体的に読み取れます。表の濃いグレー部分は、過労死ラインを超えています。つまり、公立小学校の一四・二％、公立中学校教員の三六・六％が過労死ラインを超えて働いていたことになります。また、淡グレー部分は、過労死のリスクが懸念される一週間当たりの残業時間約一一時間（労働時間にして約五〇時間）を超えています。公立小学校教員の三人中二人、公立中学校教員の五人中四人がこ

れにあたります。公立学校が異常な状態で働かされる教員によって支えられていることがわかると思います。

公立学校教員は校内で長時間働いているだけではありません。授業準備や書類作成など仕事の一部を自宅に持ち帰っている人もいます。自宅でも働いているわけです。文部科学省の調査によれば、小中学校とも教員は一日当たり三〇分程度の持ち帰った仕事に従事しており、学校での勤務時間を合わせると一日二四時間の半分近く働いていることになります。通勤時間を考慮すると、公立学校教員の多くが家族との生活、文化的社会的活動そして睡眠を犠牲にして働いていると推察されます。

2 教師の労働条件は、子どもの教育条件でもある

教師の労働条件は、子どもの教育条件にも深くつながっています。児童生徒に予習復習が大切なように、質の高い授業を展開するためには、教員は授業準備を十分にしておかなければなりません。しかし、今のような多忙な状況では、授業のための準備がなかなか困難です。「準備に時間がとれないから、間に合わせで授業をやるしかない」という現場の教員の声をきくこともしばしばです。

表3は、二〇二二年度の公立小中学校における教諭の一日の勤務内容とその時間をまとめたものです。小学校教諭は授業（主担当と補助の合計）に四時間三三分、中学校は三時間三九分を使っています。ところが、授業準備にはそれぞれ一時間一六分、一時間二三分しか充てられていません。一日四～五コマ分の授業準備としては短すぎます。

今日、学校には児童生徒の「主体的・対話的で深い学び」を促す授業が求められています。小学校学習指導要領及び中学校学習指導要領では、次の三つの視点に立った授業改善を求めています。

表３　教諭の１日当たりの在校等時間の内訳（平日）

（単位＝時間：分）

平日（教諭のみ）	小学校			中学校		
	平成28年度	令和4年度	増減	平成28年度	令和4年度	増減
朝の業務	0:35	0:41	+0:06	0:37	0:44	+0:07
授業（主担当）	4:06	4:13	+0:07	3:05	3:16	+0:11
授業（補助）	0:19	0:20	+0:01	0:21	0:23	+0:02
授業準備	1:17	1:16	−0:01	1:26	1:23	−0:03
学習指導	0:15	0:21	+0:06	0:09	0:13	+0:04
成績処理	0:33	0:25	−0:08	0:38	0:36	−0:02
生徒指導（集団）	1:00	0:59	−0:01	1:02	0:54	−0:08
うち、生徒指導（集団１）	—	0:56	—	—	0:49	—
うち、生徒指導（集団２）	—	0:02	—	—	0:05	—
生徒指導（個別）	0:05	0:04	−0:01	0:18	0:14	−0:04
部活動・クラブ活動	0:07	0:03	−0:04	0:41	0:37	−0:04
児童会・生徒会指導	0:03	0:02	−0:01	0:06	0:05	−0:01
学校行事	0:26	0:15	−0:11	0:27	0:15	−0:12
学年・学級経営	0:23	0:19	−0:04	0:37	0:27	−0:10
学校経営	0:22	0:17	−0:05	0:21	0:17	−0:04
職員会議・学年会などの会議	0:20	0:19	−0:01	0:19	0:18	−0:01
個別の打ち合わせ	0:04	0:05	+0:01	0:06	0:06	±0:00
事務（調査への回答）	0:01	0:04	+0:03	0:01	0:04	+0:03
事務（学納金関連）	0:01	0:01	±0:00	0:01	0:01	±0:00
事務（その他）	0:15	0:15	±0:00	0:17	0:17	±0:00
校内研修	0:13	0:09	−0:04	0:06	0:04	−0:02
保護者・PTA 対応	0:07	0:06	−0:01	0:10	0:09	−0:01
地域対応	0:01	0:00	−0:01	0:01	0:00	−0:01
行政・関係団体対応	0:02	0:01	−0:01	0:01	0:01	±0:00
校務としての研修	0:13	0:08	−0:05	0:12	0:09	−0:03
会議	0:05	0:03	−0:02	0:07	0:05	−0:02
その他の校務	0:11	0:08	−0:03	0:10	0:09	−0:01

出典：文部科学省「令和４年度教員勤務実態調査集計結果（速報値）」（2023年４月）。

① 学ぶことに興味や関心を持ち、自己のキャリア形成の方向性と関連付けながら、見通しをもって粘り強く取り組み、自己の学習活動を振り返って次につなげる「主体的な学び」が実現できているかという視点。
② 子ども同士の協働、教職員や地域の人との対話、先哲の考え方を手掛かりに考えること等を通じ、自己の考えを広げ深める「対話的な学び」が実現できているかという視点。
③ 習得・活用・探究という学びの過程の中で、各教科等の特質に応じた「見方・考え方」を働かせながら、知識を相互に関連付けてより深く理解したり、情報を精査して考えを形成したり、問題を見出して解決策を考えたり、思いや考えを基に創造したりすることに向かう「深い学び」が実現できているかという視点。

昭和の時代までの通例であった、知識や技能を詰め込むだけの学習指導では、これからの社会を主体的に生きる力を育てることはできません。もっと質の高い授業が必要です。だから、「主体的な学び」「対話的な学び」「深い学び」をめざすことは素晴らしいことです。しかし、これを実現するためには、これまで以上に十分な教材研究と周到な授業計画が必要です。一日一時間半足らずの授業準備時間でそれが可能なのか、たいへん心許なく思います。学校にこれまで以上に高度な学習指導を求めるなら、それを担う教員には授業準備や自主研修の機会と時間を十分に保証してあげることが必要です。

ちなみに、OECDが二〇一八年に実施したTALIS（Teaching and Learning International Survey：国際教員指導環境調査）*では、日本では小中学校ともに、「職能開発活動」に使った時間が、調査参加国の中で最短でした。日本の教員に怠け者が多いわけではないでしょう。日々の仕事で手一杯で、自分のスキルアップのための職能開発に使える時間の余裕がなさ過ぎるということです。

＊TALIS（タリス）とは、経済開発協力機構（Organisation for Economic Co-operation and Development）が

実施する国際教員指導環境調査（Teaching and Learning International Survey）の略称です。学校の学習環境と教員・校長の勤務環境に関する国際的に比較可能なデータを収集し、教育に関する分析や教育政策の検討に役立てようとするものです。これまでに、二〇〇八年に第一回調査（二四カ国・地域が参加）、二〇一三年に第二回調査（三四カ国・地域が参加）、二〇一八年に第三回調査（四八カ国・地域が参加）が実施されました。日本は、中学校について第二回調査から、小学校については第三回調査から参加しています。

さらに、学校教育は授業だけで成り立っているわけではありません。授業に刺激されてもっと深く学びたい児童生徒、授業内容にわからないところがあって尋ねたい児童生徒、授業とは関係ないけれど教えてほしいことがある児童生徒、勉強だけでなく困りごとを抱えて相談にのってもらいたい児童生徒もいます。ところが、この調査によると、個別の学習指導には小学校二一分、中学校一三分しか時間がかけられておらず、個別の生徒指導にはそれぞれ四分、一四分しか充てられていません。多くの教員が児童生徒と関わる時間をもっと持ちたいと希望しています。児童生徒が健やかに成長し、学力を豊かに形成していくためには、教員によるきめ細かな指導や援助が不可欠ですが、この調査からはたいへん残念な状況が浮かび上がってきます。いじめや児童生徒の自死事案が起きると、学校・教員がそれを見落としていたとして批判されることがあります。しかし、多忙と長時間勤務を解消しない限り、教員がこれまで以上に児童生徒一人ひとりに注意を向けることは難しいのではないでしょうか。

家族や周囲の大人の支えがなければ、子どもは健やかに育つことが困難です。それと同じで、学校では教員からの声がけや暖かい眼差しが必要です。しかし、多忙化と長時間勤務でゆとりを失い自分自身の健康維持さえ危うい状態にある教員に、この役割を担ってもらうことは難しいと思います。

全日本教職員組合（以下、「全教」と記す）の「教職員勤務実態調査二〇二二」（二〇二三年）では、教員に「時間をかけてとりくみたいこと」を尋ねています（表４）。小学校、中学校、高等学校いずれも「授業・学習指導と

表4　時間をかけてとりくみたいこと（複数回答）

（単位＝%）

	小学校	中学校	高等学校
授業・学習指導とその準備	90.7	87.4	86.4
学習指導以外の子どもの指導	58.6	57.7	48.7
学校行事とその関連業務	11.9	17.9	10.4
職種や校務分掌にかかわる業務	14.2	11.2	16.7
ICT関連の業務	4.2	6.4	4.7
保護者、PTAや地域などとの対応	4.5	3.3	0.6
部活動や課外活動	0.1	13.6	19.4
会議や打ち合わせ	2.6	1.3	2.2
教育委員会などに提出する資料や統計、報告書の作成	0.4	0.4	0.4
初任者研修や教育委員会の主催する研修	1.2	1.1	1.8
自主的な研修や自己研鑽	52.1	44.0	41.7
その他	1.4	1.6	1.0

出典：全日本教職員組合「教職員勤務実態調査2022」（2023年4月）より作成。

その準備」「学習指導以外の子どもの指導」「自主的な研修や自己研鑽」がトップスリーです。教員は長時間勤務の解決を求める一方、児童生徒に対する学習・生活指導にはもっと時間をかけて取り組みたいと希望しているのです。児童生徒のためにもっと時間をかけたいのに、それ以外の膨大な業務に追われて、児童生徒と直接に向き合う時間が確保できないのです。このままでは教師も児童生徒も不幸です。

公立学校教員の長時間勤務問題を解消するためには、教員一人当たりの業務量を減らさなければなりません。しかし、教員本来の仕事、教員でなければできない仕事を減らしたのでは本末転倒です。児童生徒に対する学習・生活指導やその準備のための時間を十分に確保することを前提に、教員一人当たりの業務量を減らす方法を考えることが必要です。

勤務時間や勤務時間内での自主研修の確保などの教員の労働条件は、児童生徒が受ける教育の質や、児童生徒が学校で安全に生活し健全な成長できるか否かを左右します。教員の労働条件は児童生徒にとっては教育条件です。教員の長時間勤務問題解消は、児童生徒のためにも今すぐ取り組むべき優先度のきわめて高い課題です。

3　学校存続の危機

図1～3は公立小学校・中学校・高等学校の教員採用試験の受験者数・採用者数・競争率（採用倍率）の推移を示したものです。小中高いずれも、実線の折れ線グラフで示される競争率はぐんぐん下がり続け、過去の最低水準に近づきつつあります。小学校では二・五倍にまで下がりました。秋田県、山形県、福島県、新潟県、富山県、山梨県、島根県、広島県、福岡県、佐賀県、長崎県、大分県、宮崎県、鹿児島県、そして政令市のうち北九州市、福岡市、熊本県では競争率が二倍以下になりました。採用者数の増大と受験者数の増大が同時に起きているのです。

競争率の低下について、文部科学省は、「大量退職等に伴う採用者数の増加と既卒の受験者数の減少によるところが大きい」と分析しています。また、受験者数の減少については、「臨時的任用教員や非常勤講師などを続けながら教員採用選考試験に再チャレンジしてきた層が正規採用されることにより、既卒の受験者が減ってきている」ためだと説明しています。

既卒の受験者の減少が受験者数の減少をもたらしているとの分析は、新卒の受験者が増えないこと、または減っていることを意味します。しかし、採用者数が増大すれば教員に採用される可能性が高くなるのですから、公立学校教員の仕事が魅力ある職業だと認識されていれば、新卒の受験者がもっと増えるはずです。教職を魅力ある職業にしないかぎり、教職を志願する若者は増えないのです。

ふり返ってみると、教職の魅力を低下させることばかり積み上げられてきました。たとえば、国や地方公共団体の教育政策としては、教育課程基準と授業実施方法の急激な高度化、教員評価の強化と評価結果の給与など処遇への反映、教員免許状取得に必要な科目と単位数の増加、教員免許状更新制（二〇二二年廃止）に代わる教員研

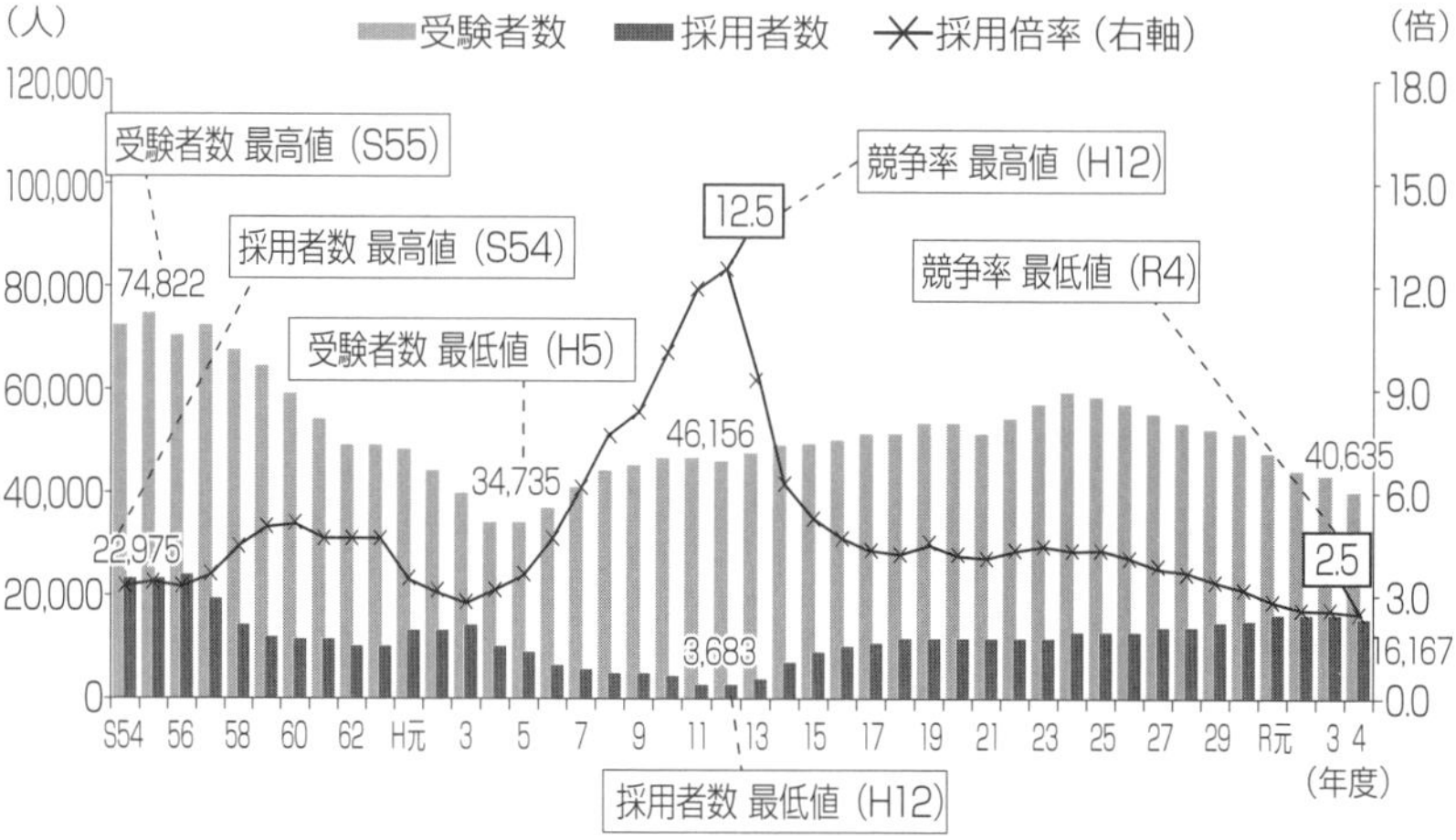

図1 「小学校」受験者数・採用者数・競争率（採用倍率）の推移

注1：2023年12月に文科省は倍率を一部訂正している。
注2：Sは昭和、Hは平成、Rは令和を表す。
出典：文部科学省「令和４年度（令和３年度実施）公立学校教員採用選考試験の実施状況のポイント」（2022年９月公表、2023年12月訂正）。

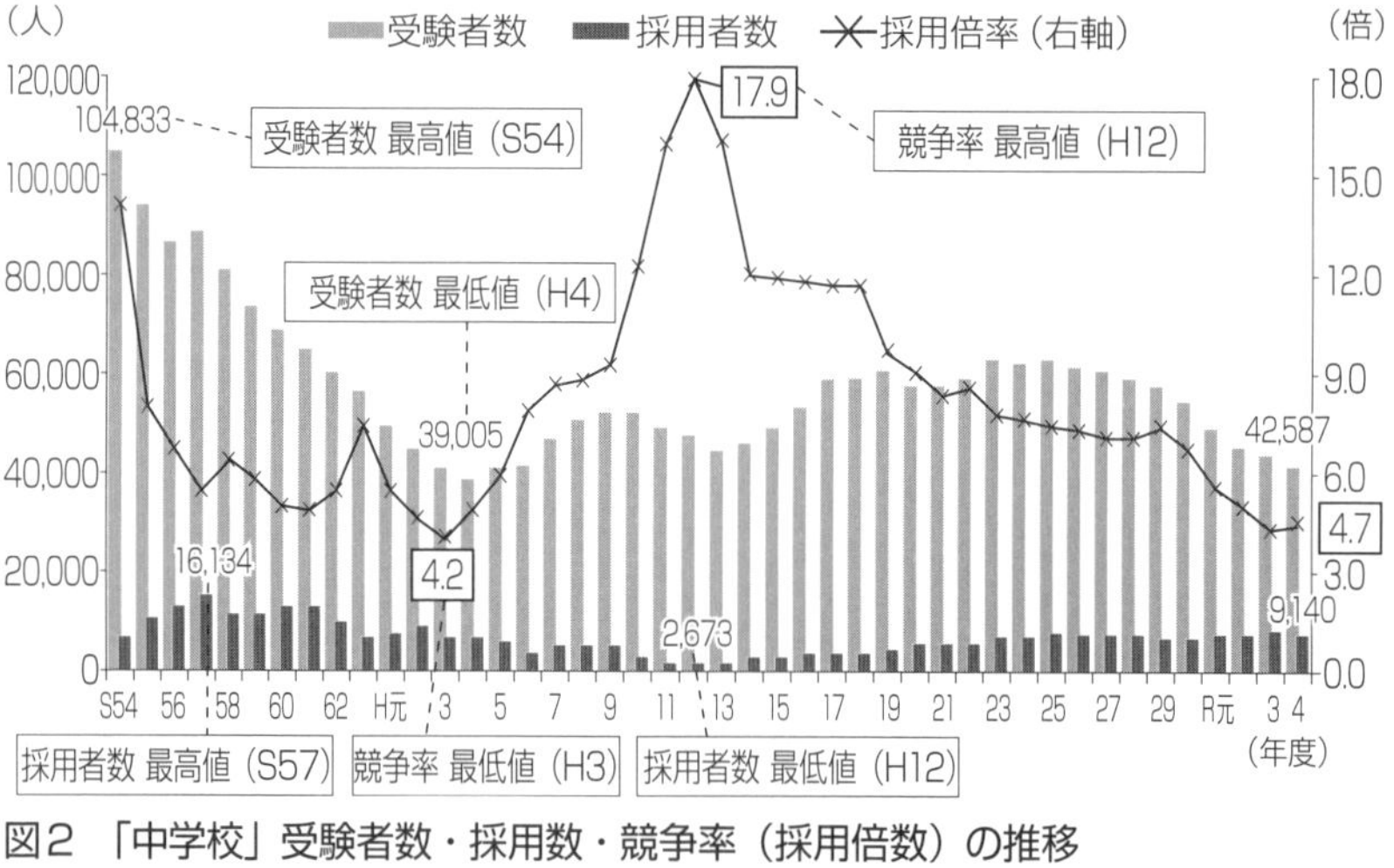

図2 「中学校」受験者数・採用数・競争率（採用倍数）の推移

注・出典：図1と同じ。

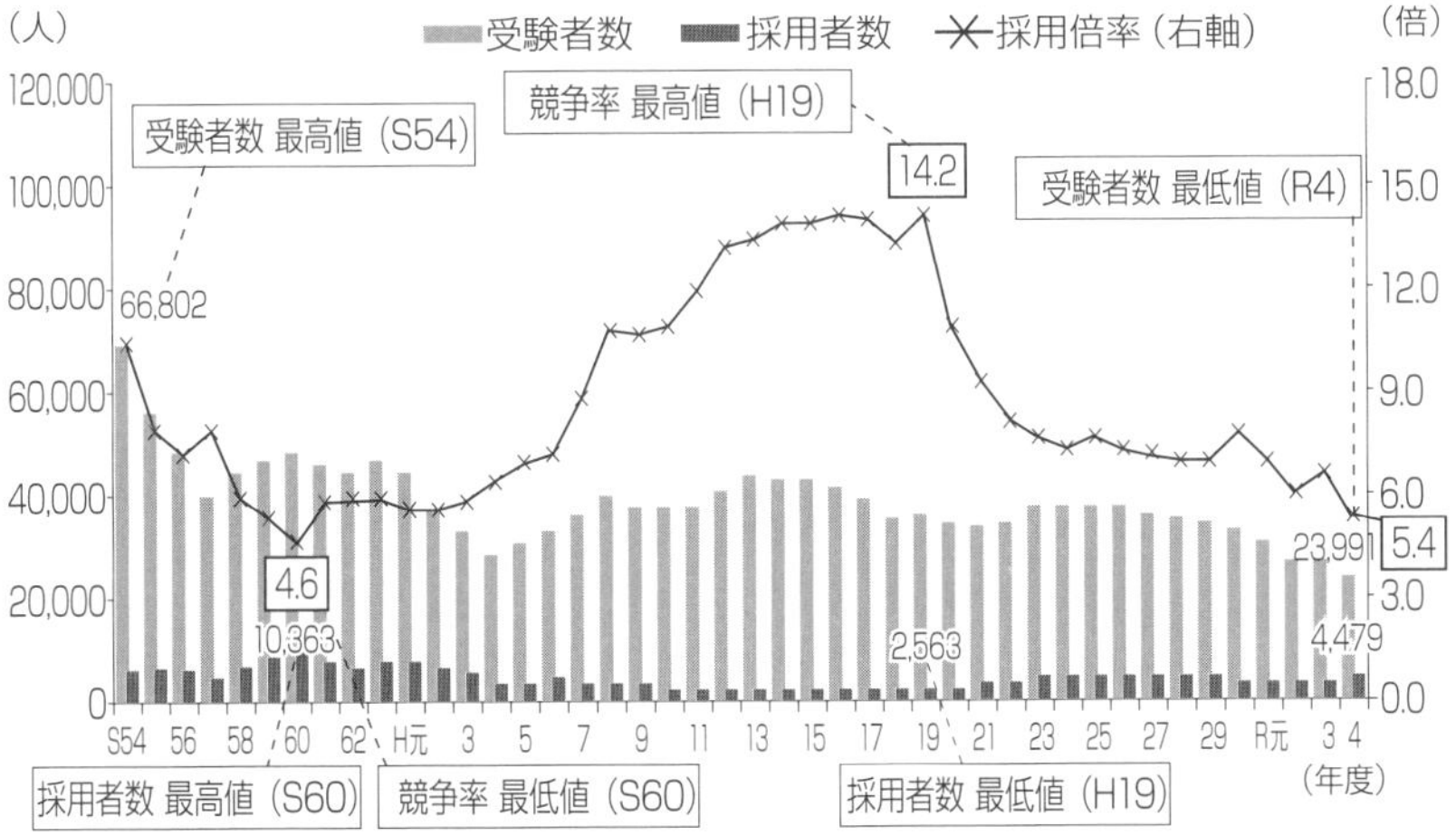

図３　「高等学校」受験者数・採用数・競争率（採用倍数）の推移

注・出典：図１と同じ。

修の体系化と管理強化が次々に行われました。また、いじめ、不登校、発達障害などへの対応は学校にとって重要な課題ですが、必要な人員配置や専門的サポート体制が不十分なまま、それらへの対応が教員の新たな業務として上乗せされました。そして、そのために教員の業務が膨大化し、長時間勤務が発生しているのです。学習指導や学校生活を通じて児童生徒と関わりたいと考える学生はけっして少なくありませんが、このような教職を取りまく厳しい現実を知ると、教職志望をやめていってしまいます。

大学で教職課程を担当する教員には、一年を通じて教育委員会や公立学校から、「採用試験の受験者が減少し、将来に不安を抱えている。教員採用試験の受験者が増えるよう、学生に指導してほしい」とか、「必要な教員が確保できない。講師として働いてくれる卒業生や大学院生がいたら、今すぐ紹介してほしい」といった趣旨の電話がかかってきます。何とか協力したいと考えても、該当する学生は多くありません。新入生向けのガイダンスに集まる学生はすでに「公立学校はブラック職場」*と知っています。これを覆して教職志望者を増やすためには、長時間勤務の解消をはじめ、教職を魅力ある職場として再生する必要があります。

＊ブラック企業という言葉があります。ブラック企業には定義はありませんが、厚生労働省はその例として、労働者に対し極端な長時間労働やノルマを課す企業や、賃金不払残業やパワーハラスメントが横行する企業をあげています。極端な長時間労働や残業代不払いは言うまでもなく法律違反ですから、弁護士や労働基準監督署に相談したり、労働組合を通じて交渉したりすることで、企業に改善を求め、不払い賃金を支払わせることができます。ブラック企業に法律を遵守させることは容易なことではないかもしれませんが、法律は労働者の味方になってくれます。公立学校もしばしば、ブラック職場と呼ばれています。

教職を再び魅力ある職業として再生しないかぎり、児童生徒に豊かな学びと育ちを保障することはできません。それどころか、学校を維持するために必要な人数を確保することさえできません。長時間勤務の解消だけで問題が解決するわけではありませんが、長時間勤務の解消がなければ子ども・若者に豊かな学びと学校生活を保障することはできないのです。

3◆公立学校における長時間勤務と不払い労働

1　労働時間と時間外手当

ここでは、公立学校教員の長時間勤務や残業代不払いが違法とならない現状が、どうしてこうなったのかを、歴史的経緯を交えながら説明します。

まずは社会全体の話から始めます。戦前の日本には、一日一二時間を超えて働かされる労働者は少なくありませんでした。しかし、それでは労働者が家庭や社会の一員として生活を営むことは難しいし、健康を損ねる事態も頻発していました。かつて労働者は自分の命を削るようにして働かされていたのです。そのため、労働時間の短縮（いわゆる「時短」）は、働く人々の根強い願いでした。この願いは第二次世界大戦後、労働基準法により、一日八時間、週四八時間労働制という形で実現しました。そして、一九八七年には週休二日制、つまり一日八時間、週四〇時間労働制が法制化され、段階的に労働時間が短縮され、一九九三年以降完全実施されました。

労働基準法には「休憩時間を除き一週間について四十時間を超えて、労働させてはならない。」（第三二条）と定められています。使用者が、職場の労働者の過半数を代表する者（過半数代表者）と協定を締結することなく、法定労働時間（一日八時間、週四〇時間）を超えて労働者を働かせると、六ヶ月以下の懲役又は三〇万円以下の罰金が課せられます（第一〇九条一項）。さらに、その職場に残業手当の支払いを定めた就業規則がなかったとしても、実際に残業が生じた以上、その使用者は残業した労働者に対して割増賃金を支払わなければなりません。

しかし、使用者（会社など）が過半数代表者との間で協定を締結すれば、使用者は時間外及び休日であっても働くよう命ずることができます（第三六条）。ただし、このとき、使用者は労働者に対して最低でも二五％増の割増賃金を支払わなければなりません（第三七条）。時間外・休日は労働者にとって本来は自由時間ですから、自由時間を奪って労働に従事させる以上、割増賃金の支払いは当然です。

使用者にとっては、割増賃金の支払いは喜ばしいことではありません。できれば余分な出費はしたくないはずです。そのため、できるだけ時間外や休日には働かせないよう工夫しています。たとえば、無駄な業務を削減したり、業務の効率化をはかったり。アウトソーシングも考えるかもしれません。割増賃金を払うぐらいなら、労働者を新規採用して働く人を増やした方がいいと考える使用者もいるでしょう。つまり、時間外労働に対する割増賃金は、第一に、時間外労働を命じられた労働者の本来は自由に使える時間を奪うことになるので通常より高い対価を支払わせるべきだという意味があります。そして、第二に、労働者に時間外労働をさせても経済的に割が合わない状態を作ることで、使用者が労働者に時間外労働を命ずることを抑制しようという目的があります。つまり、時間外労働に対する割増賃金は、時間外労働削減を使用者に動機づける仕組みでもあるのです。

2　地方公務員の勤務時間と時間外手当

公立学校の教員は地方公務員です。公務員も労働者ですから、いろいろと適用除外はあるものの、労働基準法が適用されます。当然ながら、一日八時間、週四〇時間の法定労働時間の上限は公務員にも適用されます。地方公務員の場合、地方公共団体がそれぞれ職員の所定勤務時間を条例で定めることになっており、一日七時間四五分、週三八時間四五分と定めています。

ただし、民間企業の労働者と一般の地方公務員（行政職）と、公立学校の教員とは、それぞれ労働時間や間外勤務手当（残業代）に関して、異なるルールが定められています（表5）。公務員は民間労働者よりも優遇されていると思われがちですが、労働者としての権利という点から見ると、公務員は多くの点で民間労働者よりも権利が制限されています。

民間労働者の場合、労働基準法第三六条に基づく協定（三六〔サブロク〕協定と呼ばれています）を締結しない権利があり、三六協定を締結しなければ残業ゼロの職場を作ることもできます。それに対して、一般の行政職公務員にはその権利が制限され、条例に定めがあればそれに従って残業命令に従わなければなりません。しかし、民間労働者でも一般の行政職公務員でも、いずれも時間外勤務に対しては所定の割増率を乗じた残業代が支給されます。

ところが、公立学校教員については、いくら時間外の勤務をやっても残業代が支払われない仕組みが作られ、維持されてきました。まず、一九四八（昭和二三）年の給与法において、給与上で一般公務員の行政職よりも若

表5　民間企業、地方公務員（行政職）と公立学校教員との雇用ルールの違い

	民間	一般の地方公務員	公立学校教員
法定労働時間	1日8時間、週40時間を超えて労働させることを禁止（労基法§32）		
臨時の時間外・休日労働	災害等による臨時の必要がある場合における労働時間の延長及び休日労働（労基法§33①）	公務のために臨時の必要がある場合における労働時間の延長及び休日労働（労基法§33③） ★労基法別表1に掲げる職種（教育を含む）には適用除外	限定４項目について、勤務時間の延長及び休日勤務（給特法§5による読替後の労基法§33③）
時間外・休日労働	労基法§36 ① 協定に基づく時間外・休日労働 ② 協定の記載事項 ③ 時間外・休日労働の限度 ④ 限度＝月45時間、年360時間 ⑤ 予見できない業務量の大幅な増加等に伴う臨時的な限度時間（以下略）	地方公務員にも労基法§36が適用される。しかし、実際には、労基法§33③に基づいて時間外・休日労働が発令されている。 公務員のうち労基法別表1に掲げる職種（教育を含む）については、時間外・休日労働を発令するために36協定の締結が必要。しかし、給特法により公立学校教員は、除外。	
時間外・休日労働に対する割増賃金	① 時間外・休日労働に対する割増賃金の支払い ② 労働者の福祉、時間外・休日労働の動向その他の事情の考慮 ③ 協定に基づく、割増賃金に代わる代休付与 ④ 深夜労働に愛する割増賃金の支払 (略)	労基法適用	時間外勤務手当及び休日勤務手当の不支給（給特法§3②） 教職調整額の支給（給特法§3①）
一年単位の変形労働制	過半数代表者との協定に基づき一年単位の変形労働時間制の導入可（労基法§32の4）	適用除外（§58③）	条例により一年単位の変形労働時間制の導入可（§5）
休憩時間	① 労働時間6時間超→45分の休暇、8時間超得 ① 休暇の一斉取得 ① 休憩時間の自由利用	労基法適用	
休日	労基法§35		

干の優遇をする代わりに残業代は支払わない、という仕組みが作られました。しかし、その後の給与法の改正で金額上の有利さが失われていってしまいました。残業代ゼロという不利な点だけが残ったのです。そこで、教職員組合は超過勤務手当の支給要求を打ち出し、全国で支払を求める裁判が起こりました。裁判では訴えた教員側の勝訴が続きました。

しかし、このあと説明する、「公立の義務教育諸学校等の教育職員の給与等に関する特別措置法」（以下、「給特法」と記す）が一九七一（昭和四六）年に制定されたことにより、一律に四％の教職調整額を支給される代わりに、公立学校の教員は残業代を受けとる権利を失ってしまいました。四％という数字の根拠とされたのが一九六六（昭和四一）年に文部省が実施した教職員の勤務状況調査でした。この調査で算出された一週間当たりの時間外勤務時間（平均）が、小学校教員で二時間三〇分、中学校で三時間五六分、高校（全日制）で三時間三〇分でした。この数字を根拠に、文部省は四％の給与の上乗せをする代わりに残業代は払わない、という仕組みを法制化したのです。

表1で見たように、現在の教諭の残業時間は平均して一日約三・五時間ほどに増えました。一日当たり、です。一週間当たりで算出された一九六六年の右の数字と見比べてみて下さい。それゆえ、四％の教職調整額は、大雑把に言うと、今の教員の週当たり一日分の時間外労働にしか該当しないものだということになります。つまり現状は、月曜日一日分の時間外勤務の対価を教職調整額として受け取り、残りの火曜日～金曜日及び土日の勤務はほとんどタダ働きをさせられているようなものなのです。

3　公立学校教員の勤務制度

公立学校教員の勤務時間に関わる制度をもう少し説明します。

公立学校教員は、勤務する公立学校を設置した地方公共団体の地方公務員です。ただし、政令市以外の市町村の公立学校教員の勤務時間や給与などの勤務条件は都道府県が定める条例が適用されます。このため、政令市以外の公立学校に勤務する教員は、市町村が臨時に採用した人を除き、県費負担教職員と呼ばれています。

すでに述べたように、地方公務員の勤務時間は条例で定めることになっており（地方公務員法第二四条⑤）、一般に休憩時間を除き一日七時間四五分、週三八時間四五分と決めています。また、行政職公務員には条例に基づいて、したがって三六協定を締結することなく、時間外勤務や休日勤務を命じることができ（労働基準法第三四条③）、その場合は割増賃金（時間外勤務手当・休日勤務手当）が支払われます。

ところが、公立学校教員は、民間労働者とも、行政職公務員とも、現業系公務員とも異なる、特殊な仕組みの下で勤務しています。それは、一九七一年に制定された公立学校教員にだけ適用される特別な法律、給特法（又は給与特別法。昭和四六年法律第七七号）があるからです。

給特法には、公立学校教員の勤務制度について四つの特別な定めがあります。

第一に、公立学校教員に対して三六協定なしで時間外・休日勤務を命じられることにしたことです。教育・研究を含む現業系の地方公務員に対して、時間外・休日労働を命じるためには、あらかじめ三六協定の締結が必要です。このため、現業系公務員は上司から無理な時間外労働を命じられないようにする手立てをもっています。ところが、公立学校教員は現業系公務員であるにもかかわらず、給特法第五条により、地方公共団体の条例があれば、三六協定を締結することなく時間外・休日労働を命じられることとされました。この点で公立学校教員は行政職公務員と同じですが、時間外・休日勤務手当は公立学校教員には支給されません（後述）。

第二に、公立学校教員に対しては、政令*に定める、次の四つの事由に該当する場合を除いては、時間外や休日の勤務を命じられないとしたことです（給特法第六条①）。この四つは「限定四項目」とか「超勤四項目」と呼ばれています。

＊公立の義務教育諸学校等の教育職員を正規の勤務時間を超えて勤務させる場合等の基準を定める政令（平成一五年政令第四八四号）。この政令は二〇〇三年に国立大学法人法（平成一五年法律第一一二号）制定による国立学校制度の改正に伴って、その一部が改正されました。

イ　校外実習その他生徒の実習に関する業務
ロ　修学旅行その他学校の行事に関する業務
ハ　職員会議に関する業務
ニ　非常災害の場合、児童又は生徒の指導に関し緊急の措置を必要とする場合その他やむを得ない場合に必要な業務

この定めがあるため、上司である校長が公立学校教員に対して時間外・休日の勤務を命じられるのは、これら限定四項目のいずれかに該当するときだけに限定されます。したがって、通常の授業、授業準備、緊急性のない生徒指導・保護者対応、通知表や報告書の作成などに従事させるために、時間外・休日勤務を命じることはできません。

一般の行政職公務員の場合、上司が公務上の必要があると判断すれば（労働基準法三三条三項）、どのような業務でも時間外に行うよう命じることができます。しかし、公立学校教員に対して命じることのできる時間外・休日勤務の内容はこの四つに限定されているのです。とすれば、公立学校教員は行政職公務員よりも長時間勤務になりにくいはずです。しかし、実際には、まさにこの定めが、公立学校教員に対して無際限な時間外労働を強い

る、しかも勤務ではなく「自発的な残業」として強いる仕組みとして機能しています。

第三に、公立学校教員には、時間外勤務手当と休日勤務手当はいっさい支給されないことです（給特法第三条二項）。限定四項目に該当する業務のために校長から業務命令を受けて時間外・休日に勤務した場合でも、時間外勤務手当や休日勤務手当は一切支給されません。たとえば、校外実習や修学旅行となれば、教員はその期間中ずっと夜昼なくスケジュール管理や児童生徒の世話をしなければなりません。また、児童生徒が学校の内外で問題を起こしたり、保護者に来校を求めたり、保護者から相談を持ちかけられたりすれば、それは限定四項目のニに該当しますから、校長は教員に時間外・休日に勤務を命じることができます。学校ではこういったことが頻繁に発生するのです。しかし、それがどれだけ長時間に及んでも、時間外・休日勤務手当が支給されることはありません。働かせているのにそれに見合った給与を支払わなければ、不払い労働が発生したとして、雇い主は懲役を含む刑罰を受けなければなりません。ところが、公立学校教員に対しては手当を支払わないと給特法で認めているのです。こんな理不尽はそうそうありません。

第四に、公立学校教員に対しては給料（基本給）の四％の額が教職調整額として支給されることになっています（給特法第三条一項）。民間労働者や一般公務員（行政職・現業系とも）にはこういった給与は存在しません。これも給特法で導入されたものですが、これを支給する理由について政府の説明には変遷があり、給特法の制定当時から教職調整額の意義や位置付けは曖昧にされてきました。現状では、時間外勤務手当や休日勤務手当を支給しない代償として、教職調整額を支給していると理解されています。民間には、実労働時間とは無関係に一定額を残業代として支払う契約をしている場合があります。これを固定残業代と言いますが、教職調整額は民間の固定残業代と同じようなものだと考えられているのです。この考えに立てば、公立学校教員は時間外・休日勤務についての給料の四％分の対価を支給されているのだから、時間外・休日勤務手当がなくてもタダ働きさせているわけでないということになります。しかし、前に示したように、四％と週二〇時間以上の時間外勤務とではまったく釣り合いがとれていません。

これらを背景に、「公立学校教員には時間外・休日勤務が命じられても時間外・休日勤務手当は支給されないが、時間外・休日勤務がない月も四％の教職調整額は毎月支給される。しかも、通常業務のために時間外・休日勤務を命じられることはないのだから、長時間労働が生じる余地はない。」といった言説が生まれてきます。こうして、公立学校教員の長時間勤務問題は闇に葬られているのです。

それだけではなく、公立学校教員はむしろ公立学校教員は優遇されているのだという意見をいう人もいます。「公立学校教員は時間外・休日勤務を命じられることもなく、何もしなくても給料月額の四％を教職調整額として受け取れていいなあ」とか、「時間外・休日勤務は原則として命じられないのだから、時間外勤務手当及び休日勤務手当が支給されないのは当然だ」といった声も聞かれます。しかし、もしもその意見が正しければ、公立学校がブラック職場と言われることはなく、教員不足も生じていないでしょう。

4◆長時間勤務が蔓延するようになった理由

今の公立学校で長時間勤務が蔓延している理由ははっきりしています。教員がこなすべき仕事の全体量が増加しながら、それに見合った教員の増員がなされてこなかったことが主要な原因です。

もちろん、副次的な原因はあります。教員の仕事の中にはやらなくてもよいような「余計なもの」があるとか、もっと効率的にやれる「非効率的なもの」があるということが指摘されています。それは確かにそうだし、不要な仕事の廃止や効率化を進めることは必要です。しかし、考えてみるとそれらはずっと以前からもあったものなので、長時間勤務が今のように蔓延してきた変化を説明してくれるものではありません。むしろ、この三〇年間ぐらいの間の変化をきちんと見ていく必要があります。

まず、教員がこなすべき仕事の全体量が増加してきました。公立学校の通常業務（授業やその準備・生活指導・書類作成・諸会議など）の総量が増え続け、教員一人当たりの業務量が一日七時間四五分、週三八時間四五分の所定勤務時間には収まらないところまで膨れ上がってしまったのです。

業務量全体の増加がなぜ生じてきたのかを説明する議論はいくつもあります。広田照幸（二〇一九）は、一九八〇年代の臨時教育審議会（臨教審）が打ち出した「個性重視の原則」への転換を指摘しています。「個性重視の原則」のスローガンのもとで、一人ひとりの子どもの問題に向き合う生徒指導や、一人ひとりの子どもに考えさせ、議論させ、表現させていく学習指導への改革が進められるようになりました。本当はその転換にあたって、個別対応の増加や指導の高度化が求められることになるので、教育に必要な教員の数についての算定の仕方をそれまでとは違った考え方でやらねばならなかったはずでした。しかし、当時の文部省がそれをしなかったから、個々の教員のやるべきことが増え、現場の仕事が増えていったというのです。

地方の教育委員会が教員の定数が増えないにもかかわらず教員の負担を増やして少人数学級を導入するなど、行政的な小手先の「工夫」で教育をよくしていこうとする施策が、結局のところ教員の勤務量を増加させ、その長時間化を生んでしまったという指摘もあります（山崎他、二〇一七）。

また、二〇〇二年度から週五日制に転換した際に教員を増やさなかったからだという指摘もあります（藤森、二〇二二）。教員を十分増やさないまま週五日制に転換したため、それまで土曜日にやっていた仕事が月〜金曜日に回されてしまいました。その結果、平日の授業のコマ数も増え、授業準備や事務仕事も夕方以降にやらざるをえなくなったというわけです。

実際には、二〇〇二年度から小学校も中学校も総授業時間数が少し削られたので（小学校は五七八五時間→五三七六時間、中学校は三一五〇時間→二九四〇時間）、週五日制への転換自体は大きな批判も出ないままなされました。しかし、その後の改革論議の中で、教員を十分増やさないまま教える内容だけを質量双方で増やす方向で進んでいってしまったため、学校五日制導入以前の水準にまで戻ってしまいました（二〇二〇年の総授業時間数は小学校が五七八五時間、中学校は三〇四五時間）。教員をろくに増やさないまま、総授業時間数の増加分は現場の教員の負担増で対応することになってきてしまったわけです。

本来ならば、教育の条件整備について責任を負っている国は、膨れ上がっていく業務量にふさわしい教員を配置してこなければいけませんでした。しかし、それがなされてきませんでした。ここに最大の問題があります。

文部科学省の人たちの多くは、きっと教職員の思いきった増員を心から望んできているはずです。しかし、一つには、二〇〇〇年代に「構造改革」という名で進められた行財政改革の流れの中で、公務員の人件費の抑制が強力に進められてきました。もう一つには、文部科学省と財務省との力関係で後者が強いため（青木編著、二〇一九）、予算折衝などでの「財務省の壁」が厚く、教職員の増員要求が繰り返しはねつけられてきています。財務省の審議会（財政制度等審議会財政制度分科会）は、二〇二三年四月にも、教員を増やすのでもなく残業代を支払うのでもなく、「必要のない業務を減らせ、外部人材を活用せよ」という手段（のみ）で長時間勤務問題を解決すべきという主張を繰り返しています。しかし、それでは解決できないことは明白です。

この間に進められてきた教育改革の理念には、教育学的な視点でみると、「理屈の上では悪くない」ものがたくさんあります。右で述べた、個別対応の増加や指導の高度化自体は結構なことです。少人数学級化も学校五日制もカリキュラムの組み替えも、それ自体は「よりよい教育」の方向を向いています。しかし、それに見合った教員の増員が伴わないと、教員一人当たりの業務量はどんどん増大していくことになってしまいます。しかも、教員の定数を増やす話は「財務省の壁」で前に進みません。その結果、公立学校教員は時間外にも働かざるをえなくなってしまっているのです。もしも教員が時間外には働かないと言って帰宅したら、学校は回っていきません。「自分たちが投げ出したら、学校は立ち行かない、子どもたちに迷惑がかかる」と考えて、教員は自分の生活の時間を犠牲にして働き続けているのです。

この教員のタダ働きを正当化しているのが給特法です。給特法は通常業務の時間外・休日勤務を想定していないため、文部科学省も教育委員会も実際には教員が時間外に働いていることはわかっているし、また働いてもらわなければ学校が回って行かないことも十分わかっているはずです。しかし、それを正式に認めないで「自発的残業」として処理し、勝手に働いているのだから長時間にわたって勤務させているわけではないという理屈を押し通しているのです。「残業時間」といわずに「在校等時間」という曖昧な語で教員の勤務時間の問題を論じているのは、その表れです。また、時間外・休日勤務手当は一切支給しないので、教員がどれだけ多く働いても人件費が増えることはありませんから、文部科学省や教育委員会には長時間勤務を解消しなければならないという切実な動機が生まれてこないのです。「財務省の壁」だけではなく、文部科学省や教育委員会も、給特法の仕組みに安住して、教員の善意のタダ働きに依存してしまっているのです。

したがって、給特法を廃止または抜本的に改正するほかないのです。

5◆どうしたら長時間勤務を解消できるか

今の文部科学省は、教員を増やすこともできず、きちんと残業代を払うための予算も確保できない、情けない状態です。そうした中、文部科学省の中央教育審議会は「新しい時代の教育に向けた持続可能な学校指導・運営体制の構築のための学校における働き方改革に関する総合的な方策について」を答申し（二〇一九年一月）、その答申をもとにして、「公立学校の勤務時間の上限に関するガイドライン」と一年単位の変形労働時間制が導入されました。どちらも見せかけの改革で、問題の解消に向けた実効性は期待できません（内田他、二〇一九）。

長時間勤務問題を解消し、これまで以上にしっかりと児童生徒に学びと育ちを保障する学校を作るために私たちが考える必要な課題を掲げると、次の通りです。その気になればすぐにでもできること、効果が得られるまで時間を要すること、周到な議論と合意形成が必要なこともありますが、いずれも今すぐ取り組むべき課題です。

① 教員一人当たりの業務量を削減すること。そのために、

(a) 教員が担っている業務を再点検して、必要ない業務はやめ、今後も必要な業務のうち教員でなくてもできるものや教員でない方がうまくできることは別の職員に移管するなどして、教員が担当する業務の量を今より少なくすること。

(b) 教員が担うべき業務にふさわしい教員を確実に配置すること。

② 勤務時間制限のメカニズムが組み込まれた勤務時間管理制度を確立すること。そのために、

(a) 教員の時間外・休日の労働を勤務と認めること。

(b) 時間外勤務に対する正当な給与を支給すること。

③ 教員不足を解消するため、教職を魅力ある職業にすること。

(a) 教育活動と研修における教員の自主性・創造性を尊重すること。

(b) 教員給与水準を引き上げること。

④ 教員の業務遂行のサポート体制を確立すること。

(a) 学校事務職員、スクール・カウンセラー、スクール・ソーシャルワーカーを増員し、非正規雇用の職員は常勤化すること。
(b) スクール・ロイヤーや精神科医によるサポート体制を整備すること。

次章からは、研究者・専門家の視点から、具体的な改革のあり方について考えて、具体的な提案をしていきます。「はじめに」にあるとおり、研究者・専門家の意見や考えは、一つの答にはならないで、多様な「答」がありえます。切り込む角度によっても違うし、問題の捉え方にも違いがあるからです。しかし、各章を通して読んでいただけば、共通のものがおそらく浮かび上がってくると思います。

行政関係者も政治家も、学校の教職員の方々も、そして教育改革をめぐる世論形成に決定的な重要性を持っている世の中の普通の人たちにも、以下の章の具体的な提案をぜひ読んでほしいと願っています。

●引用・参考文献

青木栄一編著（二〇一九）『文部科学省の解剖』東信堂。

内田良・広田照幸・高橋哲・嶋崎量・斉藤ひでみ（二〇二〇）『迷走する教員の働き方改革――変形労働時間制を考える――』岩波書店。

広田照幸（二〇一九）『教育改革のやめ方――考える教師、頼れる行政のための視点――』岩波書店。

藤森毅（二〇二一）『教師増員論――学校超多忙化の源をさかのぼる――』新日本出版社。

山崎洋介・ゆとりある教育を求める全国の教育条件を調べる会（二〇一七）『いま学校に必要なのは人と予算――少人数学級を考える――』新日本出版社。

2・浜田博文

教員一人当たりの持ちコマ数の削減を

1◆はじめに

教員の慢性的な長時間勤務はどうすれば解消できるのでしょうか。そのための「働き方改革」が何年にもわたって叫ばれ、具体的施策も実施されてきました。学校現場の実状を見る限り、現時点で明るい見通しは立っていません。本章は、こうした現状を打開するためには「働き方改革」のみの視座では不十分であること、そして教員一人当たりの担当授業時間数（以下、「持ちコマ数」と記す）の削減にまで踏み込む必要があること、について問題提起を行おうとするものです。

まず第一に、「学校における働き方改革」という言葉で展開されてきた議論と施策の進捗状況について論じます。第二に、「働き方改革」の一方で「持ち帰り時間」が増大している実状とその理由について考えます。第三に、「持ちコマ数」を組上に載せるべき理由について論じます。第四に、授業の質を高めるための基盤条件として持ちコマ数を捉えることの重要性を指摘し、教員の勤務時間内における教材研究時間の確保の必要性について論じます。そして第五に、「働き方改革」の議論で高い関心を集めている「公立の義務教育諸学校等の教育職員の給与等に関する特別措置法」(以下、「給特法」と記す)の改廃に留まらず、「公立義務教育諸学校の学級編制及び教職員定数の標準に関する法律」(以下、「義務標準法」と記す)の改正を射程に入れて議論を進める必要性を問題提起します。この論考を通じて、教育専門職である教職という職業の性質を十分に考慮した解決策を追求するべきだと主張したいと思います。

2◆「学校における働き方改革」の現在と限界

1 政府による「働き方改革」の文脈

「働き方改革」という言葉は、二〇一六年九月に第二次安倍政権が「働き方改革実現会議」を設置したころからよく見聞きされるようになりました。少子高齢化に伴う労働力不足や長時間労働の常態化、増加する非正規雇用の処遇改善など、日本の労働者の環境や制度を大規模に改革する施策です。その関連法改正は順次実施されて、時間外労働の上限(月四五時間、年間三六〇時間)や年次有給休暇を職員に取得させるなど、労働者の勤務状況を適正化するために雇用者にさまざまな義務を課すという形態で「働き方改革」が進められてきました。民間企業はもとより、役所や学校等もその例外ではありません。

「ワーク・ライフ・バランス」という言葉が日本人の間で広く使われるようになったことも、それと軌を一にしています。学校に限らずさまざまな職場で、会社や組織のためなら所定の勤務時間に囚われることなく働くというライフスタイルを根本的に見直そうとする動きは、勤務時間管理の徹底や業務遂行の効率化等の文脈で推進されてきました。そのようにしてそれぞれの職場における労働生産性を高め、労働者は余暇の時間を存分に楽しんだり、男女問わず子育てや家事のために十分な時間を使ったりすることの価値が広く認められるようになってきました。

学校についていえば、およそ次のようにして政策が進められました。

文科大臣は二〇一七年六月二二日に中央教育審議会（以下、「中教審」と記す）に対して「新しい時代の教育に向けた持続可能な学校指導・運営体制の構築のための学校における働き方改革に関する総合的な方策について」諮問を行いました。これを受けて中教審初等中等教育分科会に「学校における働き方改革特別部会」（以下、「特別部会」と記す）が設置され、本格的な審議が展開されました。その答申は二〇一九年一月に「新しい時代の教育に向けた持続可能な学校指導・運営体制の構築のための学校における働き方改革に関する総合的な方策について」というタイトルで提出されました。そこには、勤務時間管理の徹底、労働安全衛生管理の充実、教職員の意識改革とともに、学校及び教員が担う業務の明確化・適正化の推進や一年単位の変形労働時間制導入などの具体策が提示されました。

特別部会の名称にもみられるように、こうした政策議論では一貫して「働き方改革」という言葉が用いられてきました。そこには、日本の労働者全体に対する国家施策としての「働き方改革」が、学校という職場・組織にも適用されて広がっていくという筋道が描かれていたとみることができます。

2 「働き方改革」のもとでの学校・教員の困難

前掲の中教審への諮問を待つまでもなく、学校・教員の多忙と業務の多さを解消する必要性は度々注目されてきていました。たとえば二〇一五年七月二七日に文科省は教員が子どもと向き合える時間の確保を目的とした「学校現場における業務改善のためのガイドライン」を策定・公表しています。同年一二月に「チームとしての学校の在り方と今後の改善方策について」答申（以下、「チーム学校答申」と記す）が出され、専門スタッフの配置と学校内外における協働・連携が推進された背景には、こうした議論がありました。

この時期は、子どもたちが抱える問題状況が困難度を増しているということに関心が注がれた時期でもあります。子どもの貧困状況が注目を集め、「子どもの貧困対策の推進に関する法律」が施行されたのは二〇一四年一月でした。二〇一四年八月に策定された「子供の貧困対策に関する大綱」の中には、貧困の世代間連鎖を断ち切るためのさまざまな方策があげられていますが、「教育の支援においては、学校を子供の貧困対策のプラットフォームと位置付け、①学校教育による学力保障、②学校を窓口とした福祉関連機関との連携、③経済的支援を通じて、学校から子供を福祉的支援につなげ、総合的に対策を推進するとともに、教育の機会均等を保障するため、教育費負担の軽減を図る。」というように、学校にも重要な役割が期待されていました。

子どもが直面するこのような困難状況を踏まえて、学校としてそれにどう対応しうるのかという問いに一つの答を出したのがチーム学校答申でした。その時点では、「幅広い業務を担い子供たちの状況を総合的に把握して指導を行う」という日本の教員職務の有り様を生かしながら、教員以外の多様なアクターを交えて協働性を高めて学校の機能を強化するという方向性が示されていました。

それに対して二〇一七年の諮問に対応した審議の過程では、中教審内外において、教員の多忙と長時間勤務が放置できない深刻な実態にあるということが提起されました。

日本の教員の多忙と長時間勤務が並外れて深刻な事態だということが露わになった重要なきっかけとして、ＯＥＣＤが二〇一三年に実施したＴＡＬＩＳ（国際教員指導環境調査）の結果公表（二〇一四年）をあげることができます。日本の中学校教員の平均「仕事時間」は週当たり五三・九時間で、調査に参加した三四ヶ国・地域の中で群を抜いて大きい数字でした(1)。多くの学校では教員の勤務時間を把握することすら行われていないという事実が明らかになり、教職調整額の支給等を定めた給特法の改廃に関心が向けられるようにもなりました。また、中学校における部活動のあり方にも社会の関心が集まり、地方自治体や学校でも少しずつ改革に向けた議論や動きが広まっていきました。

また、中教審初等中等教育分科会に設置されていた「学校における働き方改革特別部会」も二〇一七年八月二九日に「学校における働き方改革に係る緊急提言」をまとめ、(1) 校長及び教育委員会は学校において「勤務時間」を意識した働き方を進めること、(2) すべての教育関係者が学校・教職員の業務改善の取組を強く推進していくこと、(3) 国として持続可能な勤務環境整備のための支援を充実させること、を提起しました。

さらに二〇一七年一二月二六日には、文部科学大臣決定として「学校における働き方改革に関する緊急対策」がまとめられました。その骨子は左記の通りです。

1. 業務の役割分担・適正化を着実に実行するための方策
(1) 業務の役割分担・適正化を進めるための取組
(2) それぞれの業務を適正化するための取組
2. 学校が作成する計画等・組織運営に関する見直し
3. 勤務時間に関する意識改革と時間外勤務の抑制のための必要な措置
(1) 勤務時間管理の徹底・適正な勤務時間の設定

（2）教職員全体の働き方に関する意識改革
（3）時間外勤務の抑制のための措置
4．「学校における働き方改革」の実現に向けた環境整備
5．進捗状況の把握等

そして、二〇一九年一月二五日「新しい時代の教育に向けた持続可能な学校指導・運営体制の構築のための学校における働き方改革に関する総合的な方策について」答申が提出されました。ここでも、勤務時間管理の徹底と上限ガイドラインの実効化、教職員一人ひとりの働き方に関する意識改革、学校及び教員が担う業務の明確化・適正化など、それまでに繰り返し提起された内容があげられています。

以上のように、政府が推進する「働き方改革」のもとで、さまざまな議論と施策が推し進められてきたにもかかわらず、学校・教員の多忙状況は思うように解消されないというジレンマを抱えていました。

ここで私たちが考慮すべきことは、学校の場合、労働者一般の「働き方改革」と同様の方策だけでは十分な解決に至らない要因が存在するということです。

3◆危機状況の悪化と「持ち帰り時間」の増大

1　教職を取りまく危機状況の悪化

「働き方改革」の文脈で勤務時間管理の徹底や業務の効率化が要請されたとしても、子どもが置かれている困

難状況の現実は、それらの要請とは逆方向に作用したと言えるでしょう。学校現場で子どもたちの困難と向き合わざるをえない教員は、勤務時間管理の徹底がなされたとしても、それには建前として対応するしかありません。課題や危機に直面する子どもたちに対して、学校・教員に代わってケアの手を差し伸べるアクターがいるわけではないからです。二〇一八年のＴＡＬＩＳ調査には四八カ国・地域が参加しましたが、その結果でも日本の教員の長時間勤務は相変わらずの状況でした。中学校教員の勤務時間は週当たり五六時間となり、むしろ長くなっていました(2)。

並行して、教員採用試験の志願者減少や教職離職者の増加が顕著になっていきました。たとえば福井県では二〇二四年度教員採用試験の志願者が過去最低となり、出願資格の変更等の方策をとっています(3)。また宮崎県では二〇一一年をピークに教員採用試験の競争倍率は降下を続け、記録が残る二〇〇四年以降では二〇二三年の試験が最低となりました(4)。文科省が三年ごとに実施する学校教員統計調査の令和四年度中間報告（二〇二三年七月二八日公表）(5)によると、公立小・中・高校のいずれにおいても二〇二一年度中の「定年以外」の離職者数は前回調査（二〇一八年度）を上回りました。「精神疾患」を理由とする離職者の増加は新聞報道等でとくに注目されました(6)。教職を取りまくこれらの事態が、慢性的とも言える長時間勤務の実態と無関係とは思えません。

二〇二〇年以降のコロナ禍は、学校・教員の困難にさらに追い打ちをかけました。「子どもの学びを止めない」というフレーズは学校現場の重要なスローガンとなり、休業期間でのオンライン授業配信や、短期間での一人一台端末の導入・活用など、授業の根本を大きく変革することが求められました。

長年にわたって模索されてきたＩＣＴ（Information and Communication Technology．情報通信技術）の導入は、コロナ禍の下で一気に進みました。子どもの学びを止めないために、インターネットを使って授業を配信する試みが教員の努力で多くの学校でなされました。そして学校の休業が終わって対面授業が再開された後には、情報端末やさまざまなソフトウェアを活用して授業を改善する取り組みが広がっています。しかし、学習指導要領改訂のプロセスのように段階的な移行ではなく、短期間でのドラスティックな改革が、教員に大きな負荷をかけて進められたことは間違いありません。

2 「働き方改革」の推進と「持ち帰り時間」の増大

政府が推進する「働き方改革」はそれなりに前進してきました。文科省の教員勤務実態調査（二〇一六年度と二〇二二年度）の結果はそれを示しています(7)。

たとえば、学校閉庁日を実施していない学校の割合は、二〇一六（平成二八）年には小学校で四一・〇%、中学校で三五・八%でしたが、二〇二二（令和四）年にはそれぞれ一・五%、一・三%となり、閉庁日を導入した学校の数は大きく増加しました。閉庁日を年間三日以上実施している学校の割合は小学校で九二・六%、中学校で九一・八%となり、今や大半の学校に広がっていることがわかります。ノー残業デーも、二〇一六年には実施していない学校の割合が小学校で四〇・三%、中学校で五五・六%にのぼっていましたが、二〇二二年には月に四日以上設けている学校が小学校の四六・一%、中学校の三六・二%となっています。学習評価や成績処理でICTを活用した負担軽減の取組を実施している小学校は九七・一%、中学校は九六・五%に達しており、ほとんどの学校で業務改善におけるICT活用が行われるようになりました。

こうした「働き方改革」の実施と広がりによって、教員の勤務実態には具体的にどのような変化が生じているのでしょうか。

表1は、二〇一六（平成二八）年度と二〇二二（令和四）年度の教員勤務実態調査を比較したものです。全体的に、六年間の間に仕事をする時間が短くなっている傾向を読み取ることができます。ただし、一日の勤務時間を

表1　教諭の1日当たりの在校等時間・持ち帰り時間

（単位＝時間：分）

	平日						土日					
	在校等時間		持ち帰り時間		在校等時間及び持ち帰り時間の計		在校等時間		持ち帰り時間		在校等時間及び持ち帰り時間の計	
	平成28年度	令和4年度	平成28年度	令和4年度	平成28年度	令和4年度	平成28年度	令和4年度	平成28年度	令和4年度	平成28年度	令和4年度
小学校	11:15	10:45	0:29	0:37	11:45	11:23	1:07	0:36	1:08	0:36	2:15	1:12
中学校	11:32	11:01	0:20	0:32	11:52	11:33	3:22	2:18	1:10	0:49	4:33	3:07

注1：在校等時間については、小数点以下を切り捨てて表示。
注2：「教諭」については、主幹教諭、指導教諭を含む。
注3：土曜日、日曜日のいずれかが勤務日に該当している者を含む。

七時間四五分とすると、平日の在校等時間は未だに小学校で三時間〇〇分、中学校で三時間一六分も超過しています。そして、二〇一六年と二〇二二年の「持ち帰り時間」を比較すると、小学校で八分、中学校で一二分、それぞれ長くなっている点には注目しなければなりません。また、「土・日」が勤務時間の調査の中に入っていることと、これだけの数字があること自体にも率直な疑問を抱かざるをえません。

「持ち帰り時間」や「土・日」の時間は、なぜこれほど根強く残っているのでしょうか。別の言い方をすると、「働き方改革」がそれなりに実行されているにもかかわらず、学校の教員はなにゆえに所定の勤務時間を超えて、自宅に持ち帰ってまで仕事をしているのでしょうか。まだまだ管理職の勤務時間管理が緩すぎるからなのでしょうか。業務の明確化・適正化が十分になされていないからでしょうか。もしそれらが理由なのであれば、管理の厳格化と業務の厳選という「働き方改革」をさらに徹底することによって事態は終息に向かうと思われます。しかし、筆者はそう思えません。なぜなら、教員の「働き方」の前提条件になっている「持ちコマ数」の問題が議論の俎上にも載せられず、手つかずの状態だからです。

4◆なぜ「持ちコマ数」に着目すべきなのか?

前掲の二〇二二年度調査によれば、教諭の一日当たりの業務内容の内訳は、次にあげる六項目だけで合計時間が小学校七時間一六分、中学校六時間三五分になります。

① 朝の業務〔小:四一分、中:四四分〕
② 授業(主担当)〔小:四時間一三分、中:三時間一六分〕
③ 授業(補助)〔小:二〇分、中:二三分〕
④ 授業準備〔小:一時間一六分、中:一時間二三分〕
⑤ 学習指導〔小:二一分、中:一三分〕
⑥ 成績処理〔小:二五分、中三六分〕

これらのうち授業(②と③の合計)を授業のコマ数(一コマ当たり小学校は四五分、中学校は五〇分)に換算すると、小学校は六コマ、中学校は四・四コマになります。

教員の勤務時間の中で、持ちコマ数にかける時間の長さは削減不可能な固定時間です。それらは④の授業準備や⑥の成績処理と不可分で連動する関係にあります。そのため、これらの業務に費やす時間を縮減することは不可能に近いと言えるでしょう。

他方、毎日さまざまな児童生徒が同じ空間で集団として学び生活する学校という場所では、予測困難な出来事が日常的に起きています。元々未成熟な子どもたちがさまざまな経験を通して成長していく場である限り、学校・教員が遂行すべき業務には多くの不確定要素があります。また、些細な事件・事故であっても即時に対応しなければならないことは少なくありません。課題を抱えている児童生徒のケアや、保護者や関係機関との連絡等の業務から、教員が完全に撤退することはありえないと言えるでしょう。スクールカウンセラー等の専門スタッフが配置されてそれらの一部を担当したとしても、教員はそれらのスタッフと情報共有や打合せを行う必要があり、そのための時間の確保も必要です。

限られた勤務時間内に行うべき業務に優先順位をつけようとすると、複数の教職員で行う業務を優先せざるをえません。そのため、通例あるいは緊急の会議や打合せが、持ちコマの授業以外の勤務時間を埋めていくことになります。そうこうするうちにアッという間に退勤時刻がきます。結果として、一人で行うことができる教材研究や成績処理等は、重要度が高い必須業務であっても後回しになります。この状態で退勤時刻の管理を厳格化すると、必然的に「持ち帰り」仕事が多くなります。

以上を冷静に踏まえると、現状の持ちコマ数に手をつけないで「働き方改革」を進めても、勤務時間を大きく削減することは困難です。従来「聖域」とされてきた教員一人当たりの持ちコマ数を削減する以外に、解決策は見当たりません。

5◆授業の質を高める基盤条件としての持ちコマ数

1　教員の「持ちコマ数」削減の必要性

政策担当者サイドは、ずっとこのことに目をつぶってきました(8)。ところが、二〇二三（令和五）年五月一六日に自由民主党政務調査会令和の教育人材確保に関する特命委員会が公表した提言(9)には重要な内容が含まれています。それは、「小学校高学年の学級担任の持ちコマ数を週二〇コマ程度とすることをめざして……」(傍点引用者)という箇所です。この内容が盛り込まれた経緯についての情報を筆者は持ち合わせていませんが、具体的な数字をあげて「持ちコマ数」の削減を主張している点は注目に値します。ただし、後述するように、週二〇コマ程度では問題の解決には至らないと思われます。

卑近な例で恐縮ですが、筆者の授業を受講していた学生のエピソードを少しだけ紹介します。二〇二三年六月、勤務校の授業で、三週間の教育実習を終えて戻ってきた四年次の学生に実習の感想を何気なく尋ねてみました。すると彼は次のように語りました。教職の現実を的確に言いあてていると思います。

教材研究をしっかりやって授業に臨み、その後には指導教員の先生から有益な助言も受けることができて、とても充実していました。でも、指導教員は授業以外のいろいろな事への対応で慌ただしく動き回っていました。もし教員になったとしても、教材研究する時間がなければいい授業はできないだろうし、あまりやりがいが感じられないような気がします。

「働き方改革」の議論では、学校・教員が従来担ってきた業務を分類し、その一部を他者へ振り分けるための業務の洗い出しが進められてきました。生徒指導、会議や研修、成績処理などの時間を一分でも縮減する涙ぐましい努力も積み重ねられてきました。中教審も「基本的には学校以外が担うべき業務」「学校の業務だが、必ずしも教師が担う必要のない業務」「教師の業務だが、負担軽減が可能な業務」の三つの分類(10)に基づいて、「更なる役割分担・適正化」への審議を展開しています(11)。

そうしたなかで、教員業務支援員が多くの学校で歓迎されているのは合点がいきます。教員が授業に拘束されている間に、さまざまな周辺業務を処理してもらえるからです。教員がそれらの業務に割いていた時間を、授業を除いたわずかな勤務時間から捻出せずにすむわけですから、その配置は広げていくべきでしょう。ただし、持ちコマ数の削減がなされないで教員業務支援員の配置だけ広げていっても、教員の長時間勤務や持ち帰り仕事という問題を解消するには至りません。

2 授業の質を高める基盤条件整備という視野

(a) 一日の勤務時間における教材研究の保障

既述のように、小学校と中学校の教員はそれぞれ平均一日六コマ、四・四コマの授業を担当しています。ここで問題とされるべきは、教材研究の時間が所定の勤務時間内に確保されていないことです。SNS上で教員どうしが交すさまざまな呟きには、日々の業務で教員自身が感じている問題状況が垣間見られます。雑務の多さや管理職による理不尽な業務要請などに対する不満や愚痴の類いもありますが、教育専門職者としての真っ当な意見も少なくありません。

次に掲げる表2には、現職教員によるツイートとリツイートの二つのケースを記載してみました（太字は筆者）。ケースAではラーメン屋さんになぞらえて教職の実態を表現しています。「仕込み時間五分の自分が納得できないラーメン（授業）を提供したくない」という呟きには、本来は教員の仕事の中心である授業をこんなやり方でやりたくないという思いが表現されています。気持ちとしては、教育のプロとしてしっかりと準備をした上で授業に臨みたいし、そのための力をつけたいけれども、現実にはそれに必要な時間がないという現実が吐露されています。

表2　現職教員によるツイート

ケース	ツイート	左記のツイートに対するリツイート
A	教員の仕事をラーメン屋で例えると、**仕込み時間5分の自分が納得できないラーメン（授業）を提供したくない**って思うのと同じなんじゃないかと思う。プロとして。（富士丸先生（打上屋）@hujimarusensei1、2023年6月18日、7:45）	**定時に退勤しても圧倒的授業力不足が露呈してしまった日はモヤモヤする**し、残業しても授業がうまくいった日は気分が晴れやか。もっと言うと、**翌日の授業準備さえ満足にできていれば、気持ちがすごくラク。だから、休みの日にも仕事しちゃうんだよな。授業準備の時間、もっと確保できたらいいんだけど。**（うめを@小学校教員@edcmonster、2023年6月18日、8:35）
B	**「授業準備の時間が確保されているか」文科、教委、管理職はとりあえずそれだけ意識してくれればいいです。**シンプルにまずはそこからお願いします。（教務主任の働き方改革な冒険@kyoumukimyou、2023年6月5日、22:55）	授業準備の時間は確保してくれないのに、やれ質の高い教師だの授業力向上だの言われますよね。教育にお金をかけない国なのだから、高望みはあきらめてほしいです。**開発費ほぼなしだけどクオリティー上げてね、よりよい機能考えてね、と言われても……**。（一匹オオカミ@vU5ieP2JYH5deU3、2023年6月5日、23:10）

それを受けてのリツイートでは、準備が不十分なままで次々に授業をしなければならないことへの歯がゆさが表現されています。「定時に退勤しても圧倒的授業力不足が露呈してしまった日はモヤモヤする」という呟きには、いい授業をしたいという志は強いけれど、そのためには自分の力量をもっと高めなければならないという、職業人としては当然の思いが表現されています。何よりも授業の中で充実感を味わうことが重要だという実感をうかがうことができます。「授業準備の時間、もっと確保できたらいいんだけど」という一文からは、勤務時間内に授業準備をすることが叶わないという現実への苛立ちがうかがわれます。また、「翌日の授業準備さえ満足にできていれば、気持ちがすごくラク。だから、休みの日にも仕事しちゃうんだよな」という呟きには、従来の「働き方改革」を推進するだけでは「持ち帰り時間」が減らない

背景が垣間見えます。

教員の本来的業務の中心は言うまでもなく授業であり、それは創造性の高い仕事です。教員が子ども集団との双方向コミュニケーションによって学びを紡ぎ上げるために、教材研究をはじめとする準備は欠かせません。日々の授業を十分な準備のもとで行うことができないという現実は、教育専門職という自覚をもつ教員にとっては死活問題ともいえます。

ケースBのツイートはどうでしょうか。「授業準備の時間が確保されているか」は、そもそも勤務時間の中に授業準備の時間が確保されていないことの問題性を鋭く突いています。それに対するリツイートは、「開発費ほぼなしだけどクオリティー上げてね、よりよい機能考えてね、と言われても……」という言葉で、質の高い教育を実践するためには研究や準備が不可欠であることを喝破しています。常に新しい教育課題を意識して前へ進むためには、教員自身が研究することを可能にする職場の勤務環境を整備する必要があります。

以上のことは、教育専門職がそれとしての業務を遂行するための基盤条件に類するものです。一人ひとりの教員が多様な教育課題に適切に対応し、必要な情報や知識を獲得して日々の授業改善に反映させるための環境条件を整える必要があります。

教員が十分な教材研究を行って授業に臨むことは、当然のことだといえます。「主体的・対話的で深い学び」への転換や、ＩＣＴを駆使した「『個別最適な学び』と『協働的な学び』の一体的な充実」は、とくに十分な研究・研修を必要とするでしょう。ところが、新たな教育課題に関する情報を入手して教材研究に取り組む時間は、教員の勤務時間の中には保障されていません。政府が唱導して進められてきた「働き方改革」は、業務の削減や効率的な遂行、そのための勤務時間管理の徹底という外枠部分への切り込みには熱心ですが、このことへの関心が希薄だと言わざるをえません。

それでは、具体的にはどのように考えるべきでしょうか。

一コマの授業には事前の準備と事後の振り返りや評価が付随すると考えるべきです。仮にそれを〇・五コマ分だとしましょう。小学校と中学校の一コマをそれぞれ四五分、五〇分とすると、授業一コマの所要時間は小学校で六七・五分、中学校で七五分になります。あわせて、出勤から授業開始までの間に一定の準備時間を設け、児童生徒の下校後には当該日の関係事務や翌日の準備のための時間を確保する必要もあります。年間を通じて考えるなら、年度初めには落ち着いて一年間の計画を立案して準備する時間が、学期末・年度末には成績評価の総括や指導要録作成等の時間が、それぞれ確保されるべきでしょう。

こうしたことを踏まえると、自民党案が目標に示した週二〇コマでも多すぎると思います。具体的な数値については議論の分かれる点だと思います。ただ、現行の実態を踏まえてよりよい方向を、ということで考えると、小学校は一日三・五コマ、週一七・五コマ、中学校は一日三コマ、週一五コマ程度を上限とすることが「適正」だと言えるのではないでしょうか。

(b)一日単位と一年間単位の学校業務環境の保障

次にもう一つ、あるブログに掲載された、現職教員ならではの感覚から出されている学校教育の改革提案を紹介します。このブログの冒頭には、「現役教諭の夫を持つ私が、夫に聞いた教育に関するあれこれや、子育てに関することなどを綴っていきます」と書かれています(12)。その記事の中に、次のような改革提案が記載されています。

オサム流 日本の学校教育復活案

①　教職員定数を二倍以上に増やす。
②　教員の出勤時間の三〇分後に、子どもは登校させる。
③　教員の退勤時間の二時間前に、子どもは下校させる。
④　部活動は、社会教育団体に任せる。
⑤　春休みは年度末一五営業日、年度初めは一〇営業日確保する。
⑥　新採教員は、担任ではなくて副担任。
⑦　修学旅行廃止。
⑧　教育委員会事務局は元教員で構成しない。

本章に関係する内容として筆者が注目したのは、①、②、③、⑤、⑥の各事項です。

②と③は一日を単位とする学校業務の流れを踏まえて、教員の出退勤時刻と児童生徒の登下校時刻を再構成すべきだという提案です。児童生徒が始業時刻よりも前に登校して校舎に入ることが、多くの学校の通例となっています。教員は所定の出勤時刻よりかなり早めの時刻に出勤して授業準備等の業務をしたり、教室で児童生徒を出迎えたりしているケースが少なくないと思います。このような慌ただしさの中で学校の一日は始まります。そして、多くの人々の間には、学校とはそういうものだ、という認識が行き渡っているに違いありません。しかし、「働き方改革」の文脈で考えると、こうした一日の始まり方は、教員の勤務時間を無視していると言わざるをえ

ません。そして、児童生徒が学校にいる間は教員の勤務環境として不確定・不安定な要素が大きいことを考えると、その不確定・不安定要素を縮減するという意味で②の提案は合理的だと思います。また、既に述べてきたように、授業がすべて終了して児童生徒が下校した後の時間を教材研究や教職員間の会議・打ち合わせ等のために使う方策として、③の提案も理に適っているといえるでしょう。

⑤は、新しい学年がスタートする時期と、学年が終了に近づいた時期、つまり学校・教員の一年間の業務にとっては重要な節目の時期の特性を踏まえて、年間業務の流れを見直すという提案です。学校の「春休み」はとても短いものです。卒業式や修了式を終えた後、人事異動があり、新入生を迎えたり学級編成替えをしたりしながら新しい年度は慌ただしく始まります。この時期は業務も多く、児童生徒はもちろんのこと、教職員間の関係においても、不安定要素が大きいと言えるでしょう。新たな学年を安定的にスタートさせるために、教員が静穏な環境で準備を進めることはとりわけ重要だと思います。この提案は、学校の児童生徒と教員の一年間のサイクルを踏まえた「働き方改革」の重要な提案だと受けとめました。

提案内容として①が最初にあがっているのは、学校現場の切実な願いという意味でしょう。「二倍」という数字には議論の余地がありますが、これは、前掲の②、③、そして⑥と連動する重要な提案です。

②と③は、基本的に全教科を担当する小学校の教員としては控えめすぎるとも思えますが、授業や学級経営に充てる時間以外の時間を勤務時間の中に確保する必要性を訴える内容です。すべての教員の勤務時間の中に、授業時間以外の十分な時間を確保すべきだという本稿の主張と共通しており、持ちコマ数の削減に繋がる提案です。

そして⑥は、教職員配置の仕組みを改革する提案だと言えます。現行の仕組みでは、新規採用教員はベテラン教員と区別なく「一人の教員」としてカウントされ、各学校に配置されます。そのため、教員数に余裕のない学校では、初年度の四月から新任教員が学級を担任することになります。それは、新任教員自身にとって大きな負担であるだけでなく、他の教員にもさまざまな負荷をかける現実があります。団塊世代の教員の大量退職後、教員構成が多くの学校で若年化しており、なおかつ臨時的任用教員が多いという実状も考慮すると、現職教員がこうした提案をすることは無理もないと考えます。この提案を実現するためには、新任教員を教員配置上「一人」よりも少ない数にみなして教員配置数を算出する必要があります。

じつは、持ちコマ数の削減という主張は、教職員配置の仕組みの改革と連動するものです。具体的には義務標準法の改正を必要とします。したがって②、③、⑥、そして①を実現するためには、給特法の改廃のみならず、義務標準法の改正に踏み込んだ議論が不可欠だと言えます。

7◆おわりに

かつて筆者は別稿において、専門職（profession）を「スペシャリスト」と「ゼネラリスト」に分けて捉え、教職は「ゼネラリスト」として子どもの教育に携わっており、業務分類が困難な性質をもつと論じたことがあります(13)。「チーム学校」という概念が広がり、多様な専門家（専門職）が学校に配置されることによって教員の業務負担は軽減されるといった議論がなされつつあった頃のことでした。しかし、本章で述べてきたように、それ以後においても、教員の業務が大きく軽減されて勤務時間が改善されたとは見受けられません。

教員の中心的な業務は授業であり、その意味では勤務時間の大半が授業に充てられている現状に誤りがあるとは言えません。しかし、授業という業務には子ども理解、教材理解、さまざまな教授方法の組み合わせなどなど、多種多様な要素・要因が絡んでいます。

加えて、子どもたちを取りまく問題状況が多様化し、その要因が複雑化しているなかでは、授業を成立させる要因も多様化・複雑化しています。授業という営みは、四五分とか五〇分というその時間だけ切り取って知識を伝達する単純な活動の時間ではなく、事前にしっかり子どもたちのことを理解して準備された教材を媒介にして、子どもと教員がつながりをつくる場にならないと成り立たないでしょう。つまり、非常に総合的・包摂的で横断的な性質をもつ営みが授業であるということが、理解されるべきです。教職という職業は、そのような業務を省察的に実践する仕事なのです。

現行の教員配置は、学級編制基準に則って各学校の教員数を割り出す方式になっています。その仕組みは、学校規模の違いを考慮し、中学校の場合は各教科の教員数を考慮に入れている点で、合理性の高いものだと思います。しかし、各学校に配置された教員の持ちコマ数がいくつなのか、あるいは、週当たりの持ちコマ数をいくつまでなら認めるかなど、授業を中心とする業務負担に対する配慮はなされていないのが実状です。

教員配置基準に一人当たりの持ちコマ数の上限という要素を加味した仕組みを検討することが、慢性的な長時間勤務を解決する鍵になるものだと思います。

●注

1 三四カ国・地域の平均は三八・三時間だった。国立教育政策研究所編『教員環境の国際比較――OECD国際教員指導環境調査（TALIS）二〇一三年調査結果報告書』明石書店、二〇一四年、二三頁。

2 国立教育政策研究所編『教員環境の国際比較――OECD国際教員指導環境調査（TALIS）二〇一八報告書』ぎょうせい、二〇一九年、一一頁。

3 〈https://www3.nhk.or.jp/lnews/fukui/20230701/3050015062.html〉（二〇二三年一一月一二日閲覧）。

4 〈https://www3.nhk.or.jp/lnews/miyazaki/20230709/5060015814.html〉（二〇二三年一一月一二日閲覧）。

5 〈https://www.mext.go.jp/content/20230724-mxt_chousa01-000030586_1.pdf〉（二〇二三年一一月一二日閲覧）。

6 たとえば、〈https://www.asahi.com/articles/ASR7W66VWR7WUTIL006.html〉（二〇二三年一一月一二日閲覧）。

7 「教員勤務実態調査（令和四年度）の集計（速報値）について」〈https://www.mext.go.jp/b_menu/houdou/mext_01232.html〉（二〇二三年一一月一二日閲覧）。

8 浜田博文「『働き方改革』論議が目をつぶっていること」『教職研修』第五四五号、教育開発研究所、二〇一八年一月、一八〜二一頁〈http://hdl.handle.net/2241/00152092〉。

9 「令和の教育人材確保実現プラン〜高度専門職である教師に志ある優れた人材を確保するために〜」（二〇二三年五月一五日）〈https://storage.jimin.jp/pdf/news/policy/205830_1.pdf〉（二〇二三年一一月一二日閲覧）。

10 二〇一九年一月の「新しい時代の教育に向けた持続可能な学校指導・運営体制の構築のための学校における働き方改革に関する総合的な方策について」（答申）。

11 二〇二三年五月二二日に行われた文科大臣による「『令和の日本型学校教育』を担う質の高い教師の確保のための環境整備に関する総合的な方策について」（諮問）。

12 〈https://osamutokyoko.blog.jp/archives/22898880.html〉（二〇二三年一一月一二日閲覧）。

13 浜田博文「公教育の変貌に応えうる学校組織論の再構成へ——「教職の専門性」の揺らぎに着目して——」『日本教育経営学会紀要』第五八号、二〇一六年、四二頁〈https://doi.org/10.24493/jasea.58.0_36〉。

（初出：浜田博文（二〇二三）「教員の長時間勤務解消へ（1）教員一人あたりの持ちコマ数に注目した改革の必要性」『教職研修』第五二巻第二号、八三〜八六頁。ただし、大幅に加筆している。）

3・中嶋哲彦

義務標準法の改正で教職員定数の大幅増員を

公立学校教員の長時間勤務が生じる原因の一つは、教職員が担っている業務量に対して、学校に配置される教職員の人数が少なすぎることにあります。

ある事業所の従業員数はその事業所全体の業務の質や量と密接な関係にあります。このバランスが崩れると、従業員には長時間・過密労働が強いられるだけでなく、事業所自体の業務も停滞してしまいます。公立学校も同じです。児童生徒に対する教育指導・授業準備・成績処理や地域や保護者への対応などの教職員が担う業務を質的・量的に増やしたら、それに見合うだけの教職員を配置しなければなりません。

ところが、日本の公立小中学校の教職員定数は学校の業務量の増減とは無関係に、学級数に応じて決めることになっています。このため、たとえ学校の業務が増大しても、少子化によって児童生徒数が減少すると学級数が減少し、学級数が減少すると教職員定数も減少します。しかし、教職員が担う業務は、児童生徒数が減少したからといって、それにつれて減少するものではありません。テストの採点や提出物のチェックの負担は児童生徒数の減少に伴っていくらか減少するとしても、授業やその準備は児童生徒数が減少して減るものではありません。財務省は児童生徒が減少しているのだから今の教職員定数でも多過ぎるとまで主張していますが、これは教育現場の窮状を無視した暴論です。教職員が担う業務の質や量を考慮に入れて確保すべき定数を議論すべきです。教職員一人ひとりが担う業務量を度外視し、学級数を元に教職員定数を決める仕組みを改めないかぎり、教職員の長時間・過密労働の問題を根本的に解決することはできません。

1◆教職員定数とは

公立学校の教職員定数とは、個々の学校に配置される教職員の定数ではなく、公立の小学校・中学校・義務教育学校・中等教育学校の前期課程・特別支援学校の小学部・中学部に配属される教職員の、都道府県・政令市ごと・学校種ごとの教職員の人数をいいます。教職員定数は配置すべき教職員の人数であり、欠員が生ずることもありますから、実際の人数とは異なります。また、都道府県や市町村が非正規(1)の教職員を配置していることもあります。

また、公立小学校・中学校は市町村が設置・管理する教育機関ですが、政令市を除く市町村立小学校・中学校の教職員の任命権は都道府県教育委員会に属しています。このため、政令市以外の市町村の公立小学校・中学校の教職員の定数は、都道府県ごとに算定されます。

このあと詳しく述べるように、公立学校の教職員定数は、法律に定められた教職員定数の「標準」に基づいて、各都道府県・政令市が定めます。この「標準」はあくまで標準ですから、都道府県・政令市が定める教職員定数はこの「標準」と同じでなくても構いません。したがって、都道府県・政令市は自らの判断で国の「標準」より多く教職員定数を定めることも、逆に少なくすることもできます。ただし、都道府県・政令市が教職員定数を国の標準より多くすると、その分の教職員給与は都道府県・政令市が全額自己負担しなければなりません。また、市町村が独自に教職員を雇用して教員配置を充実させることもできますが、その場合も給与の全額を市町村が負担しなければなりません。このため、定数を「標準」より多くすることは困難です。

他方、「定数崩し」といって、都道府県・政令市の判断で、教職員定数を国の標準より少なくする一方、その分の給与費でより多くの非正規教員（非常勤講師など）を配置することもあります。これを行うと、特定の教科を教えるだけの仕事をする非常勤講師が確保される一方、学校の業務全体を支えるフルタイムの教職員は減ってしまいます(2)。

もう一つ重要なことは、公立学校の教職員定数やその「標準」は、都道府県・政令都市ごとの教職員の人数であって、各学校に勤務する教職員の人数ではないことです。各学校に勤務する教職員の人数は、都道府県・政令市の教育委員会が教職員定数を適宜配分する形で決めていきます。その際、教職員定数を割いて教育委員会の指導主事として勤務する職員のポストを確保することもありますから（充て指導主事制度）、その分だけ学校で勤務する教職員が減ってしまいます。

このように、各学校に配置される教職員の人数は国の「標準」どおりにはならないのですが、本章では、各学校への教職員定数の配分は概ね国が定めた「標準」にそって決められていると仮定して「各学校の教職員定数」を考えていきます。

2◆教職員定数は、どのように決められるか

国は、公立学校の教職員定数を算定するための標準を次の二つの法律で定めています。一つは、「公立義務教育諸学校の学級編制及び教職員定数の標準に関する法律」（昭和三三年法律第一一六号。以下、「義務標準法」と記す）で、これには公立の小学校・中学校・義務教育学校・中等教育学校の前期課程・特別支援学校の小学部・中学部の教職員定数を算定するための標準が定められています。もう一つは、「公立高等学校の適正配置及び教職員定数の標準等に関する法律」（昭和三六年法律第一八八号。以下、「高校標準法」と記す）で、これには公立の高等学校・中等教育学校の後期課程・高等専門学校の前期課程・特別支援学校の高等部の標準が定められています。以下、本章では、公立小学校を例に論述していきます。

表1は、義務標準法に定められた教職員定数を算定する方法を整理したものです。この表の①～⑮で算出される数の合計が、都道府県・政令市の教職員定数の標準となります。

①は、学校に校長1を配置することを意味します。

⑬は養護教諭、⑭は栄養教諭、⑮事務職員の定数の標準を定めたものです。学校の業務は授業だけではありません。これらの職種は児童生徒の健康と安全を確保し豊かな学校生活を送れるようにするためになくてはない業務を担っています。しかし、児童生徒数が一定数以上在籍する学校にしか配置されないことになっていたり、学校数に分数を乗じたりしていることが示すとおり、これらの教職員はすべての学校に少なくとも一人が配置されるわけではありません。そのため、これらが配置されない学校では、その分だけ教諭らの負担が増大する可能性があります。

表1　義務標準法に定める教職員定数の標準

<table>
<tr><th>職種</th><th>根拠規定</th><th>算定方法</th><th>記号</th></tr>
<tr><td>校長</td><td>第6条
の2</td><td>小学校、中学校及び義務教育学校並びに中等教育学校の前期課程の数の合計数に1を乗じて得た数</td><td>①</td></tr>
<tr><td rowspan="9">教頭及び
教諭等</td><td>第7条
第1項
第1号</td><td>全小学校の学級規模ごとの学級総数に所定の係数を乗じて得た数と、全中学校の学級規模ごとの学級総数に所定の係数を乗じて得た数の合計</td><td>②</td></tr>
<tr><td>第7条
第1項
第2号</td><td>27学級以上の小学校の数、24学級以上の中学校の数、義務教育学校の数の合計数に1を乗じて得た数</td><td>③</td></tr>
<tr><td>第7条
第1項
第3号</td><td>30学級以上の小学校の数に1/2を乗じて得た数、18学級から29学級までの中学校の数に1を乗じて得た数、30学級以上の中学校の数に2/3を乗じて得た数の合計数</td><td>④</td></tr>
<tr><td>第7条
第1項
第4号</td><td>児童生徒数の区分ごとの小学校又は中学校の数に、所定の数を乗じて得た数の合計数
<table>
<tr><th>児童又は生徒の数</th><th>乗ずる数</th></tr>
<tr><td>200～299</td><td>0.25</td></tr>
<tr><td>300～599</td><td>0.5</td></tr>
<tr><td>600～799</td><td>0.75</td></tr>
<tr><td>800～1199</td><td>1.00</td></tr>
<tr><td>1200～</td><td>1.25</td></tr>
</table></td><td>⑤</td></tr>
<tr><td>第7条
第1項
第5号</td><td>小学校又は中学校において障害に応じた特別の指導が行われている児童生徒（特別支援学級の児童又は生徒を除く。）の数に、それぞれ1/13を乗じて得た数の合計数</td><td>⑥</td></tr>
<tr><td>第7条
第1項
第6号</td><td>小学校又は中学校において日本語を理解し、使用する能力に応じた特別の指導が行われている児童生徒の数に、それぞれ1/18を乗じて得た数の合計数</td><td>⑦</td></tr>
<tr><td>第7条
第1項
第7号</td><td>小学校又は中学校の教諭、助教諭及び講師のうち初任者研修を受ける者の数に、それぞれ1/6を乗じて得た数の合計数</td><td>⑧</td></tr>
<tr><td>第7条
第1項
第8号</td><td>小学校、中学校及び義務教育学校の分校の数の合計数に1を乗じて得た数</td><td>⑨</td></tr>
<tr><td>第7条
第1項
第9号</td><td>寄宿舎を置く小学校及び中学校の数に、寄宿する児童生徒の数の区分ごとに決められた数を乗じて得た数の合計数
<table>
<tr><th>寄宿する児童生徒数</th><th>乗ずる数</th></tr>
<tr><td>～40</td><td>1</td></tr>
<tr><td>41～80</td><td>2</td></tr>
<tr><td>81～120</td><td>3</td></tr>
<tr><td>121～</td><td>4</td></tr>
</table></td><td>⑩</td></tr>
</table>

教頭及び教諭等の加配	第7条第2項	下記の場合には、政令で定める数を加算 ・児童生徒の心身の発達に配慮し個性に応じた教育を行うため、複数の教頭、及び教諭等の協力による指導が行われる場合 ・少数の児童若しくは生徒により構成される集団を単位として指導が行われる場合 ・教育課程の編成において多様な選択教科が開設される場合 ・専門的な知識若しくは技能に係る教科等に関し専門的な指導が行われる場合	⑪
主幹教諭、指導教諭、教諭、助教諭及び講師の数	第7条第3項	前2項に定めるところにより算定した数（以下この項において「小中学校等教頭教諭等標準定数」という。）のうち、小中学校等教頭等標準定数は次の合計数 ・27学級以上の小学校の数と24学級以上の中学校の数との合計数に2を乗じて得た数 ・8学級から26学級までの小学校の数、6学級から23学級までの中学校の数及び義務教育学校の数の合計数に一を乗じて得た数 ・6学級から8学級までの小学校の数に3/4を乗じて得た数 ・3学級から5学級までの中学校の数に1/2を乗じて得た数 主幹教諭、指導教諭、教諭、助教諭及び講師の数は、小中学校等教頭教諭等標準定数（前2項の合計数）から小中学校等教頭等標準定数を減じて得た数	⑫

教頭及び教諭等（副校長・教頭・主幹教諭・指導教諭・教諭・助教諭・講師）の定数の標準は②〜⑫の合計です。そのなかでも、②がとくに重要です。

②は、学校規模（学級数）に応じて教職員を配置するための基準であり、教職員定数の標準を算出するときにもっとも重要な部分です。次のようにして算出します。まず、各都道府県・政令市内のすべての公立学校についてそれぞれの学級数と「乗ずる数」（表2）との積を求めます。

たとえば、一八学級の小学校の場合「乗ずる数」は一・二〇〇ですから教頭・教諭等は二二人となり、一八学級の中学校の場合「乗ずる数」は一・五五七となるので教頭・教諭等は二九人となります。このようにして得られる学校ごとに学級数と「乗ずる数」の積の総和が、各都道府県・政令市の教頭及び教諭等の定数の標準の中核になります。

教職員定数は学級数と係数「乗ずる数」の積で決められますから、少子化の進展や学校等配合による学級数減により教職員定数は減少します。また、

<table>
<tr><td>養護をつかさどる主幹教諭、養護教諭及び養護助教諭</td><td>第８条</td><td>養護教諭等の定数は、次の数の合計数
・３学級以上の小学校・中学校の数と中等教育学校前期課程の数の合計数に１を乗じて得た数
・児童数が851人以上の小学校の数と、生徒数が801人以上の中学校の数との合計数に１を乗じて得た数
・医療機関が存しない市町村の数等を考慮して政令で定めるところにより算定した数</td><td>⑬</td></tr>
<tr><td>栄養の指導及び管理をつかさどる主幹教諭、栄養教諭並びに学校栄養職員</td><td>第８条の２</td><td>栄養教諭等の定数は、次の数の合計数
・児童生徒数が550人以上の単独実施校の数と、549以下の単独実施校の数に1/4を乗じて得た数の合計数
・児童生徒数が549人以下の単独実施校の数が１〜３の市町村の数に１を乗じて得た数
・共同調理場の規模ごとの数に、所定の乗ずる数を乗じて得た数の合計数
<table><tr><td>共同調理場の規模</td><td>乗ずる数</td></tr><tr><td>〜1500</td><td>1</td></tr><tr><td>1501〜6000</td><td>2</td></tr><tr><td>6001〜</td><td>3</td></tr></table></td><td>⑭</td></tr>
<tr><td>事務職員</td><td>第９条</td><td>事務職員の定数は、次の数の合計数
・４学級以上の小学校・中学校・中等教育学校前期課程の合計数に１を乗じて得た数
・３学級の小学校・中学校・中等教育学校前期課程の合計数に1/4を乗じて得た数
・27学級以上の小学校の数に１を乗じて得た数と、21学級以上の中学校の数に１を乗じて得た数との合計数
・就学援助を受ける児童生徒が著しく多い小学校・中学校・中等教育学校前期課程の数の合計数に１を乗じて得た数</td><td>⑮</td></tr>
<tr><td>教諭・擁護教諭・栄養教諭</td><td>第15条２号</td><td>いじめ・不登校・問題行動などの児童生徒支援のための加配</td><td>⑯</td></tr>
<tr><td>教諭</td><td>第15条３号</td><td>通級による指導への対応等のための加配措置</td><td>⑰</td></tr>
<tr><td>主幹教諭</td><td>第15条４号</td><td>主幹教諭の配置に伴うマネジメント機能強化のための加配措置</td><td>⑱</td></tr>
<tr><td>教諭・事務職員</td><td>第15条５号</td><td>資質向上のための教員研修、初任者研修等のための加配措置</td><td>⑲</td></tr>
</table>

注：表中の「小学校」には務教育学校の前期課程を含み、「中学校」には義務教育学校の後期課程及び中等教育学校の前期課程を含む。また、「教頭及び教諭等」とは、副校長、教頭、主幹教諭（養護又は栄養の指導及び管理をつかさどる主幹教諭を除く）、指導教諭、教諭、助教諭及び講師をいう。

表2　第7条第1項第1号に定める教頭・教諭等の数

	学校規模	乗ずる数
小学校	1〜2学級	1.000
	3〜4学級	1.250
	5学級	1.200
	6学級	1.292
	7学級	1.264
	8〜9学級	1.249
	10〜11学級	1.234
	12〜15学級	1.210
	16〜18学級	1.200
	19〜21学級	1.170
	22〜24学級	1.165
	25〜27学級	1.155
	28〜30学級	1.150
	31〜33学級	1.140
	34〜36学級	1.137
	37〜39学級	1.133
	40学級以上	1.130

	学校規模	乗ずる数
中学校	1学級	4.000
	2学級	3.000
	3学級	2.667
	4学級	2.000
	5学級	1.660
	6学級	1.750
	7〜8学級	1.725
	9〜11学級	1.720
	12〜14学級	1.570
	15〜17学級	1.560
	18〜20学級	1.557
	21〜23学級	1.550
	24〜26学級	1.520
	27〜32学級	1.517
	33〜35学級	1.515
	36学級以上	1.483

「乗ずる数」がすべて一以上の小数であることからわかるように、②は学級担任のほか、学校規模に応じてプラスアルファの教職員を配置する仕組みです。この「乗ずる数」が大きければ大きいほどプラスされる教職員が多くなりますから、「乗ずる数」をもっと大きな数にすれば教職員定数を改善できます。このことについては次節で考えます。

③〜⑦は、学校の特殊事情に応じた定数の加算です。③は、二七学級以上の小学校、二四学級以上の中学校に副校長・教頭を複数配置することを目的に、副校長・教頭一を加配するものです。逆に言えば、複数配置のときの一人目の副校長・教頭や、二六学級以下の小学校・二三学級以下の中学校の副校長・教頭の定数はそれとして確保されておらず、⑫に示されているとおり、②〜⑪で計算された定数から副校長・教頭分として一を拠出しなければなりません(3)。

④の大規模学校への加配は生徒指導担当の配置を目的としてのもの、⑤は少人数指導等の担当教員の加配です。また、⑥は障害に応じた特別の指導が行われている児童生徒、⑦は日本語を理解し使用する能力に応じた特別の指導が行われている児童生徒に対する特別な指導を行うための加算です。⑧は初任者研修を受ける教員数に応じた

加算、⑨は分校への加算、⑩は寄宿舎指導員を配置するための加算です。これも、学校の特殊事情への対応です。⑪及び⑯~⑲は、個性に応じた教育などの指導方法の工夫改善のための加配定数の標準です。これは特別な指導を実施するため必要な教職員を配置しようというものですが、②で算定される定数は少子化に伴って減少していきますから、これらの加配により職員定数の激減を緩和する意図もあると思われます。

このように、公立学校で勤務する教職員の定数はたいへん複雑な仕組みによって決められていますが、もっとも重要なことは、次のようにまとめられるでしょう。

(1) 教室で教える教諭等の定数は主として②によって算出され、②で算定される教職員は「乗ずる数」を大きくすることで増やすことができる。

(2) ③~⑪は学校の特殊事情に応答することを目的とするもので、これらは今後も必要な定数である。

(3) ②~⑪で算定される定数には、授業を担当しない副校長・教頭が含まれている。

(4) 教職員定数は、教育委員会で勤務する指導主事のポストに使われることもある。

(3)と(4)からも教職員定数改善のために必要な改善の課題を読み取ることができますが、教職員定数の改善の中心はやはり②の改善です。次節ではこのことをさらに深く考えたいと思います。

3◆「乗ずる数」の根拠は一週二四コマだった

学級数から教職員定数を算定するという方式を前提とすると、表2の「乗ずる数」を現在より大きくすることで教職員定数を増やすことができます。では、この数をどれくらいまで増やせばいいのでしょう。ここで問題になるのは、この「乗ずる数」はどのような考えに基づいて決められたのかということです。

義務標準法は、一九五八年に制定された法律です。制定当初の義務標準法には前節で説明した①～⑲とは異なる方式が定められており、何度かの改正を経て現在の方式になりました(4)。学級数に応じて教諭等を配置するという考え方は制定当初から変わっていませんが、重要なことは学校の業務量との関係をたいへん重視していたことです。

義務標準法の法案作成に関わった文部官僚・佐藤美樹太郎氏が、当時出版された論文や書籍(5)で教職員定数の算定方法の元とした考えを詳しく解説しています。佐藤は次のように述べて、一人の教師が一週間に担当する授業の上限を二四コマと決め、各小学校の総授業コマ数を実施するためには何人の教師が必要になるかを考えた、という主旨の説明をしています。

① 「小学校における教科指導時数」は、「学習指導要領一般編に示す基準時数を念頭におきながら、各都道府県が実際に編制している指導時数（昭和三一年指導課長会議提出資料による）を平均し」て算定した。

② 「一日の勤務時間八時間のうち、四時間（休憩時間を含み）を正規の教科指導にあて、残りの四時間を教科外指導のほか、指導のため準備整理、その他校務一般に充当するという考え方」から、「一教員あたりの標準指導時数」は「一週二四時限をもって標準とし」た。

佐藤自身は説明していませんが、「指導時数」は学年によって異なるうえ、学校によって各学年の学級数も異なりますから、①の「小学校における教科指導時数」は学習指導要領に示す学年ごとの「基準時数」に学年ごとの学級数を積算して得た数の総和であったはずです。

ここで重要なことは、第一に、教職員は勤務時間（週四八時間）の半分を授業に、残り半分をその他の業務にあてるという考えに立って教職員の業務量の上限を設定したことです。教職員の職務は教科指導と生活指導を基本としますが、それ以外にも多くの職務を担っていることを踏まえて、教科指導に充てる時間を勤務時間の半分に制限したのでしょう。

第二に重要なことは、学校全体の業務量を教員一人当たりの業務量で除して教職員の定数を算出したことです。数式では次のように表せます。これは教育現場の実態を踏まえた、実に理にかなった考え方です。

$$教職員数(人) = \frac{総授業時数（コマ）}{24（コマ／人）}$$

一九五八年制定当時の義務標準法にも、今日の義務標準法にも、総授業時数を二四で除して教員数を算定するという算出方法は見られません。前述のとおり、今日の義務標準法には学級数と「乗ずる数」から教職員定数を算出する方法が定められています。しかし、それらの係数は恣意的に決められたものではなく、総授業時数を二四で除して教職定数を算定する考えに基づいて定められたものだったのです。

総授業コマ数を一人当たりの授業コマ数二四で除して教職員定数を定めるという考え方に立ちながら、なぜ義務標準法には学級数に係数の積を教職員定数とするという定め方をしたのか、佐藤は説明していません。学校ごとの総授業時数を二四で除して教員数を算定するより、学級数と「乗ずる数」の積を教職員定数にする方が計算は簡便そうですから、総授業時数を二四で除して教員数を算定した結果に合うように「乗ずる数」を定めたのであろうと推測されます。

表3　義務標準法及び総授業時数で得られた教職員定数

学校規模	現行・義務標準法（副校長・教頭1を含む）	週24コマ
6学級	8	7
12学級	15	14
18学級	22	21
24学級	28	28

表3は、現在の義務標準法に基づいて算出した教職員定数（表1の②の定数）と、総授業時数を二四で除して得られる教職員定数を比較したものです。六学級、一二学級、一八学級、二四学級の小学校（全学年の学級数は同じと仮定）について、総授業時数（現在）を二四で除した場合と、学級数に「乗ずる数」を乗じた場合とで大きな違いが生ずるかを確かめたところ、二つの方法で計算した結果はほぼ一致しました。このことから、総授業時数を二四で除して教職員定数を算出したという佐藤の考えは、今日の義務標準法にも受け継がれていると考えてよいでしょう。

4◆週二四コマでは多過ぎ

全教青年部の「変えていこう働き方青年教職員アンケート二〇二一」によれば、回答者の四五％が週二一～二五コマ、四一％が二六コマ以上担当していたと回答しています。少なくとも四割以上、おそらく半数を超える教職員が、義務標準法が前提としているはずの週二四コマを超えて働いていると推察されます。

しかし、佐藤美樹太郎氏が説明する義務標準法制定時の考え方に立つと、週二四コマでさえ、今日では多過ぎです。一九五八年当時の法定労働時間（労働基準法）は一日八時間・週四八時間で、地方公務員の勤務時間もそれと同じでした。学校では、土曜日にも半日四コマの授業が行われていました。週二四コマは、週の勤務時間が四八時間であることを前提に、その半分二四時間を教科の授業に充てるというものでした。

ところが、一九九二年九月からは月一回の学校五日制が導入され、一九九五年四月からは月二回、そして二〇〇二年からは完全学校週五日制が実施されました。労働基準法に定める法定労働時間も一日八時間・週四〇時間に変わり、地方公務員の勤務時間は一日七時間四五分・週三八時間四五分になりました。これを踏まえると、少なくとも二〇〇二年からは、教職員の授業負担は「週二〇コマ」に削減されなければならず、義務標準法の「乗ずる数」もそれに合わせて修正されるべきでした。しかし、必要な法改正は行われませんでした。

その代わり、文部科学省は学校教育法施行規則を改正して、週当たり二コマに相対する授業時数を削減しました。しかし、本来は週当たり四コマ、授業時間数にすると一四〇時間が削減されるべきでした。また、授業以外の業務も四時間分（授業が二コマしか削減されていないことを踏まえれば六時間分）減らされるべきでしたが、これはまったく考慮されませんでした。完全学校週五日制の導入によって見かけ上の勤務時間が短縮されたのに、それに見合った業務量の削減が行われなかったために、時間外勤務をますます増大させる要因になりました。

さらに、小学校等の総授業時数は一旦は削減したのに、再び増大に転じ、今日では一九五八年の義務標準法制定当時と同じ水準に戻ってしまいました。つまり、勤務時間が四八時間から三八時間四五分になったのに、担当コマ数は勤務時間が四八時間だったころと変わらないのです。教職員だけでなく、子どもの負担も重くなっています。今日の子どもたちには両親世代よりも多くの授業時数が課せられ、祖父母世代が週六日で受けていた授業時数を週五日で受けているのです。

もう一つ「さらに」を付け加えなければなりません。二〇〇〇年には「総合的な学習の時間」が、二〇一一年には「外国語活動」、二〇二〇年には「英語」が小学校の教育課程に追加され、これらはすべて学級担任の教師が担当することとされました。また、学校には環境教育・防災教育などの「〇〇教育」や地域連携活動が求められ、小学校の業務は多様化・複雑化しています。授業などの教育活動だけ見ても、教職員の業務は多様化・複雑化し、業務遂行の困難性は高くなっていると考えなければなりません。

私の子ども時代、放課後教室や校庭に残っていると、いろいろな先生が声をかけてくれたものです。勉強が遅れている児童を集めて勉強会を開いてくれる先生もいたし、日曜日の午前中、希望する児童を学校に集めて、畳敷の作法室でいろいろな遊びを教えてくれた先生もいました。当時の先生たちも忙しいとはいえ、物理的にも精神的にもまだまだゆとりがあったのだと思います。

児童生徒とこのような時間をもちたいと思っている教職員は少なくないと思いますが、授業やそれ以外の業務が勤務時間から大幅に溢れ出し、長時間の残業を強いられる状況にあっては、それを実現することは難しいでしょう。教師にとってだけでなく、児童生徒にとってもたいへん不幸なことです。教育条件が劣悪であるために、児童生徒が本来権利として保障されるべき豊かな子ども時代を送れなくなっているのです。

5◆改善するためにはどうしたらいいか

ここまでの考察で、義務標準法は一人の教員が担当する授業コマ数の上限を二四と定め、そのために必要な教職員を配置するという考えに基づいて設計されたものであったこと、しかし学校五日制に移行したのに授業時数が減っていないことや「総合的な学習の時間」「英語」「外国語活動」の新設による業務の増大を踏まえると、週二四コマでさえ教職員の負担が大き過ぎることが確認されました。また、部活動の指導や保護者対応など、義務標準法制定当時よりもはるかに多い業務が教職員にのしかかっています。

この問題を解決するためには、

① 教員の授業担当を少なくとも週二〇コマ以下に引き下げ、それを基準に教員を増員すること。

② 教育支援職員（事務職員・部活指導員・カウンセラー・ソーシャルワーカーなど）を新設・増員して、現在教員

が担っている業務のうち授業以外のもので適切なものを担ってもらうこと。

③　標準授業時数の削減も含めて学校が担う業務を全体として削減すること。

などが考えられます。

本書第2章では、教員の授業担当を週一七コマまで削減すべきだとの提言をしています。これは、学校の業務が量的に増大しただけでなく、内容も多様化・複雑化していることを踏まえると、授業時間を勤務時間の半分（週二〇コマ）にしてもまだ多過ぎるという考えに基づく提言です。

これに対して、週一七コマは少なすぎる、もっと児童生徒と向き合って働きたいという意見も聞かれます。たしかに、学校教育法に「教諭は児童の教育をつかさどる」と定め、ＩＬＯ・ユネスコの教員の地位に関する勧告（一九六六年一〇月五日。教員の地位に関する特別政府間会議採択）では教員の職務について「教職は、専門職と認められるものとする。教職は、きびしい不断の研究により得られ、かつ、維持される専門的な知識及び技能を教員に要求する公共の役務の一形態であり、また、教員が受け持つ生徒の教育及び福祉について各個人の及び共同の責任感を要求するものである」（文部科学省訳）と規定しています。教員は教育専門職です。教員の本来業務である授業時間を勤務時間の半分以下にして、それよりも多くの時間をその他の業務に充てるというのは適切ではないかもしれません。

これを踏まえると、たとえば授業を週二〇コマ以下としたうえで、現在教員が担っている授業以外の業務を減らしたり、教育支援職員を増員したりして、教員の負担軽減を図るという方法も考えられます。週何コマの授業を担当するのが適切か、授業以外の業務をどう減らすか、これらについては当事者である教職員の意見を聞きながら、早急に検討すべき課題です。現在中央教育審議会でも教職員の長時間勤務解消が議論されており、週当たりのコマ数を検討し直すべきだとの意見が出されています。

与党にも動きがありました。自由民主党の令和の教育人材確保に関する特命委員会が二〇二三年五月、「令和の教育人材確保実現プラン（提言）～高度専門職である教師に志ある優れた人材を確保するために～」を公表して、小学校高学年について二〇コマを上限にすることを提言しました。担当コマ数の上限を設ける提言は高く評価してよいと思いますが、小学校高学年に限定する理由はありません。また、教職員定数を改善しなければ、高学年担任の負担を削減する一方で、その分を低・中学年担任に転嫁することになりかねません。

今後は、一人の教員が一週間に担当する授業コマ数の上限を決め、それを実現するためには何人の教員が必要になるかを試算することが必要になるでしょう。つまり、週当たりの担当コマ数を何コマにすると、教職員定数（表2の②の定数）が何人になるかのシミュレーションです。これを元にすれば、必要な教員給与費を予想することもできるでしょう。

文部科学省は学校教育法施行規則の別表第一に、各教科等の標準授業時数と総授業時数を定め、また小一は年間三四週、それ以外の学年は年間三五週で授業を実施することとしています。そのため、各学年の一週間当たりの授業コマ数は小一：二五コマ、小二：二六コマ、小三：二八コマ、小四～小六：二九コマとなります。これら各学年の授業コマ数と各学年の学級数との積が、当該学年の総授業時数となります。この総授業時数を一人の教員が一週間に担当する授業コマ数の上限で除してやれば、その学校の教員定数（表2の②の定数）が求められます。

これを一般式で示すと次のようになります。

$$\text{教諭数} = \sum_{n=1}^{6} \left(\frac{\text{第n学年の学級数} \times \text{第n学年の週当たり授業コマ数}}{\text{第n学年を担当する教員の週当たり授業コマ数の上限}} \right)$$

表4は、この計算式を用いて学級総数一六（小一：二学級、小二：三学級、小三：三学級、小四：三学級、小五：二学級、小六：三学級）の小学校について、担当コマ数の上限を変えて計算した結果です。義務標準法に基づいて算定される教職員定数よりこんなに多くの教職員が必要なのか、と感じられるかもしれません。もしそう感じられたら、本来はもっと多人数で担うべき業務を現在はこんなに少ない人数の教職員に無理をさせ、児童生徒にも迷惑をかけていると考え直していただきたいと思います。

表4　一週間の授業コマ数から算出する学校の教員定数

定数の計算方法		教諭等の定数
現行・義務標準法		20 (a)
週当たり持ちコマ数の上限	20コマ	23
	19コマ	24
	18コマ	25
	17コマ	27
自民党特命委員会案（1～4年＝24コマ、5・6年=20コマ）		20

注：学校規模を学級総数16（小1：2学級、小2：3学級、小3：3学級、小4：3学級、小5：2学級、小6：3学級）として試算。(a) には副校長・教頭1を含む。

なお、自由民主党の特命委員会が小学校高学年について二〇コマを上限とすることを提言していますから、表4には小一～小四を二四コマとし小五と小六を二〇コマとしてシミュレーションした結果も示しました。この一六学級の学校の場合、特命委員会案では教職員定数は一人しか増えません。

多忙化は高学年だけではありませんから、本章で提案した考え方を基に、教職員定数を定め直すことが必要です。

●注

1　「非正規」とは勤務がフルタイムでなかったり、期限付きの任用であったりという意味で、教員免許状をもたないという意味ではありません。

2　名古屋市の場合、二〇二一年度、教職員定数（本務教員）を七〇人分使って、音楽や美術などの専科教員として非常勤講師四六六人を採用していました（名古屋市子ども権利相談室「なごもっか」『二〇二二（令和四）年度活動報告書』二〇二三年六月）。このことは、現在の教職員定数の範囲内では必要な専科教員さえ本務教員として任用できないことを表しています。現在の義務票準法のままでは、小・中学校において実施しなければならない教科を担当する教員さえ非正規でしか任用できないのです。これは名古屋市だけの例外的事象ではありません。

3　校長の定数は教諭等とは別に各校一ずつが確保されることになっていますが、副校長・教頭の定数は別枠では確保されておらず、②〜⑪に含まれています。そこで、⑫では、学校規模ごとに副校長・教頭の定数の標準を定めたうえで、その数を「小中学校等教頭教諭等標準定数」（②〜⑪の合計）から差し引いて確保するとしています。つまり、②〜⑪で算定された教職員定数がそのまま教室で児童生徒の教育指導を担当する教職員の定数になるのではなく、副校長・教頭の分だけ減らされてしまうのです。副校長・教頭も重要な業務を担っているので、必要な定数を確保することは必要ですが、そのために児童生徒の教育指導を担当する教職員を減らしてよいか、これは疑問のあるところです。

4　表1の②については、一九六三年（昭和三八年法律一八一号）、一九六九年（昭和四四年法律一九号）、一九八〇年（昭和五五年法律一〇九号）、一九九三年（平成五年法律一四号）で大きな改正が行われました。

5　佐藤美樹太郎「新しい法律と学校経営（2）」『学校経営』一九五八年七月。佐藤美樹太郎『学級規模と教職員定数――その研究と法令の解説――』（第一法規出版、一九六五年）。

＊本章は、拙稿「教員の長時間勤務解消へ（2）　義務標準法の『乗ずる数』を改正して教師を増やす」（『教職研修』第五二巻第三号、二〇二三年一一月、八〇〜八三頁）を元に、大幅に加筆したものである。

4・前川喜平

教員の働き方改革で国が本当にやるべきこと

1◆文部科学省の「働き方改革」に実効性はあるか

私は文部科学省初等中等教育局で、二〇〇一（平成一三）年から二〇〇四（平成一六）年まで財務課長として、二〇〇七（平成一九）年から二〇一〇（平成二二）年まで審議官として、二〇一三（平成二五）年から二〇一四（平成二六）年まで局長として、公立学校の教職員の定数や給与に関する仕事に携わりました。その経験を踏まえて、教員の働き方改革について私の考えを申し述べたいと思います。ただし、私の見解は文部科学省の方針とはまったく異なりますのでご承知おきください。

公立学校教員の働き方改革に係る法令と予算に関して言えば、「公立の義務教育諸学校等の教育職員の給与等に関する特別措置法」（以下、「給特法」と記す）の廃止と労働基準法の適用、「公立義務教育諸学校の学級編制及び教職員定数の標準に関する法律」（以下、「義務標準法」と記す）の改正による定数改善、「学校教育の水準の維持向上のための義務教育諸学校の教育職員の人材確保に関する特別措置法」（以下、「人材確保法」と記す）に基づく給与改善、さらにこれらを裏付ける財源を確保するために義務教育費国庫負担法に基づく国庫負担の増額が必要、というのが私の基本的な考えです。

二〇二三年九月一五日、盛山正仁新文部科学大臣は、就任直後の記者会見で教員の働き方改革について質問されて「名案がない」などと実に情けない答弁をしていましたが、現場の声や研究者の声に率直に耳を傾ければ、おのずから「名案」が見えてくるはずです。教員一人当たりの授業の持ちこま数の見直しから教員の標準定数を計算し直そうという中嶋哲彦先生の考えは非常に理にかなっていると私は思っています。この考え方を基本に、授業以外の校務分掌のあり方も加えて考えれば、「名案」に至ることが可能でしょう。

一方、これまで文部科学省が「教員の働き方改革」として行ってきた施策は、文部官僚だった私の目から見てもほとんど実効性がありません。野球でいえば「空振り」みたいなことをやっている。バットを一所懸命振り回して「ホームランだ」と言っているけれども実は全部ファウルだ、三振だという印象です。

私が三振だと言っている政策の一つは、二〇一九年一二月に成立した給特法の改正です。給特法は公立学校の教員に労働基準法による時間外勤務手当を支給せず、代わりに本給の四％にあたる教職調整額を一律に支給することなどを定めた法律ですが、二〇一九年の改正はこの法律のいわば「本丸」にあたる教職調整額の制度にはまったく手を付けませんでした。どういう改正をしたかというと、文部科学大臣が公立学校の教員の「業務量の適切な管理」に関する「指針」を定め、この指針にそって各教育委員会は教員の時間外在校等時間（残業時間）の上限などに関する方針を策定するという制度の導入です。

学校教育は地方自治法上「法定受託事務」すなわち国から自治体に委託された事務ではなく「自治事務」すな

わち自治体固有の事務とされているのに、わざわざ法律を作って地方分権に逆行するような余計なお世話を国がするということです。

文部科学大臣は公立学校についてだけ「指針」を定めるわけです。国立学校と私立学校についてはそんなことはしません。公立学校にだけ口を出す制度を作る背景には、文部科学省が伝統的に「公立学校は自分たちの持ち物だ」と思っているからです。

一八九一（明治二四）年に「文」という文字が学校の地図記号になりました。これは「学校は文部省の出先機関だ」という観念の表れだと言っていいでしょう。明治のころから小学校の設置者は市町村でしたが、教員は「官吏」すなわち今でいう国家公務員として扱われていました。文部官僚の中にはいまだにこの観念の残滓があるのです。だから公立学校についてだけ余計な制度をいろいろと作るわけです。

給特法は国立学校と私立学校には適用されていませんから、国立学校と私立学校の教員には労働基準法に基づく時間外勤務手当が出ています。国立と私立には適用されない公立学校だけの制度はほかにもいろいろあります。たとえば、公立学校だけ外国人の教諭を任用できない。国立学校と私立学校の教員は公務員ではないので、外国人を教諭にも校長にも任命できます。教育公務員特例法に基づく研修制度なども公立学校教員だけが対象になっています。

文部科学省が公立学校についてだけ特別に強く関与する姿勢としてもう一つの例をあげると「国旗掲揚率」と「国歌斉唱率」の調査があります。入学式・卒業式で国旗を掲揚したか、国歌を斉唱したかを毎年度調査していますが、この調査は公立学校だけが対象なのです。

こういうふうに、公立学校は文部科学省の言うことを聞く存在だという考え方がもともとあるために、公立学校についてだけ教員の業務量の管理の「指針」を文部科学大臣が定めるなどという発想が出てくるのです。

その「指針」の中で、文部科学省は教員の残業時間についての上限を、原則、月四五時間、年三六〇時間と定めました。この時間数だけを採ってみると、労働基準法に書いてある数字と同じです。しかし、実効性がありません。実効性がないのはなぜかといえば、労働基準法に定められている実効性を確保するための手だてがないからです。三六協定と言う労使間の協定で上限についての定めをするとか、時間外勤務手当を出す、すなわち時間外勤務を命じたらその時間外勤務の時間に応じて割増賃金を出すということです。上限規制に違反した場合の罰則が労基法にはありますが、労基法が適用されない公立学校の場合はありません。このように、上限をいくら決めてもその実効性をあらしめるための手だてがそもそもないのです。二〇二二年度の文科省の調査でも、上限規制が守られていない実態が明らかになっています。

一番根本的な問題は、給特法の考え方のもとでは、いわゆる「超勤四項目」という、「職員会議」、「実習」、「非常事態」、「学校行事」の四項目以外は職務命令による残業ではないという虚構があることです。各教員は、校務分掌という形で「あなたはこれをしてくださいね」という仕事を与えられているわけで、その仕事をするためには勤務時間がどうしても必要になります。与えられた仕事をやるためにどうしても必要な勤務時間が、週三八時間四五分という法定勤務時間に収まりきれないために残業が生じているわけです。ですからこの残業はやはり、職務命令に基づく残業だと考えるべきだと、私は思います。

しかし給特法のもとでは、「超勤四項目以外は職務命令による残業ではない。教員の自発的な勤務だ」という虚構が大前提になっているわけです。教員の残業が自発的な勤務だとすると、上限規制は結局教員一人ひとりが自主的に規制するということにしかなりません。自発的な勤務に上限を決めるということは、「あなたは自分で自分の勤務時間を管理しなさい」と言っているわけであって、これは教員一人ひとりに責任をかぶせていると言っていいと思います。管理職は、「自発的に残業している皆さん、頑張って残業減らしてくださいね」と言っておけば十分だとなってしまいます。

この前、富山県滑川市の中学校の教員が部活動指導で過労死したという事件についての富山地裁の判決が出て、勤務時間管理がきちんとできていなかったということで、県と市に対して損害賠償を命じました。しかし、このとき、市あるいは学校側はどういう主張をしたかというと、「部活動の指導は教員が自発的にやってたんだ。自分で自分の首を絞めただけだ」という説明になっています。こういう主張が成り立ってしまうのは、給特法の大前提が「超勤四項目以外は自発的な勤務だ」ということになっているからです。この虚構は早くなくさなければいけないと、私は思っています。

このところ、国のほうで教員の働き方改革についての次なる動きがあります。二〇二三年六月二〇日に閣議決定された「（経済財政運営と改革の基本方針）骨太の方針二〇二三」の中で、「働き方改革のさらなる加速化」、上限指針の「実効性向上に向けた具体的検討」、「業務の適正化」などがうたわれていて、二〇二四年度から三年間を、「集中改革期間」と言っています。今のままでは、いくら「集中改革だ」と掛け声をかけても、実効性がほとんどなく、三年たっても残業時間はあまり減っていないということで終わるだろうと、私は思います。

自民党の「令和の教育人材確保に関する特命委員会」は政務調査会の下に置かれ、前政務調査会長の萩生田光一氏自身が委員長になっています。萩生田政調会長肝入りの特命委員会と言ってもいいでしょう。萩生田氏は、言ってみれば、現在、影の文部科学大臣です。これまで永岡桂子氏が文部科学大臣をやっていましたが実質的な政策判断はしていなかった。二〇二三年一〇月の内閣改造で盛山正仁氏が文部科学大臣になりましたが、盛山氏は「自分は素人だ」と公言しています。実質的な文部科学大臣は、今も引き続き、萩生田氏だと考えたほうがいいと思います。

この特命委員会が五月一六日に、「令和の教育人材確保実現プラン」を出しました。これは、自民党の特命委員会の提言という形は取っていますが、委員長が影の文部科学大臣ですから、文部科学省とは擦り合わせをかなりしているはずです。

その中で、教員の残業を将来的には月二〇時間程度に減らすと言っています。しかし、その具体策として何を言っているかといえば、勤務間インターバル制度とか、校務のDX化とか、その程度のことしか言っていません。あとは二〇一九年の給特法改正による働き方改革を実効性あらしめると言っているだけです。私は、将来的に残業を月二〇時間程度に減らすというのは、「絵に描いた餅」だと思っています。

中央教育審議会も教員の働き方改革についての議論をまたぞろ始めています。教職の魅力をどうやって高めるか、教員不足をどう解消するかという観点での議論ですが、その中に働き方改革が当然入ってくるわけです。八月二八日に緊急提言を出しましたが、読んでみると、ほとんど現場に対して「しっかりやれ」と発破をかける精神論に終わっている印象で、文部科学省として新たにこれをやるという具体策は何も示されていません。

2◆文部科学省は何をするべきなのか

私から見て、文部科学省が本来やるべきことは何か。一つは、中嶋哲彦さんが言われるとおり（本書第3章）教員の定数改善です。教員の定数改善に関しては、持ちこま数から考えるというのは、非常に正当な考え方だと、私は思います。ここで指摘しておきたいのは、過去二回の学習指導要領改訂で、小学校も中学校も標準授業時数は大幅に増えているということです。

二〇一一年度までの学習指導要領は、いわゆる「ゆとり教育」でした。小学校六年生を例にとると、そのころは九四五時間が標準授業時数でした。今は、一〇一五時間ですから、週に二こま分増えています。そういうふうに、いわゆる「ゆとり教育」の時期と今とを比べると、標準授業時数が大幅に増えています。小学校一年生から中学校三年生までを全部合わせると六％増えています。標準授業時数が六％増えているのであれば、それに見合った教員の定数増をしなければいけなかったのですが、それをしていません。

中嶋さんが言われている「乗じる数」は、文科省の中のジャーゴンというか、部内用語では「レシオ（ratio）」です。学校ごとにレシオの数を学級数に掛けて得られる数を、都道府県・政令指定都市ごとに全学校分足し合わせると、それぞれの都道府県・政令指定都市の教員定数の総数が算定されます。このような教員定数の算定方法は義務標準法で規定されています。週当たりのこま数が増えたときには、このレシオの数を引き上げる必要があったのです。ところがそれをやっていない。これは文部科学省の怠慢です。学校の授業時数を増やしたにもかかわらず、それに見合う教員定数増をしなかったということです。これは最低限やるべきことでした。

また「週二四こま」というのは確かに標準法が作られたときの考え方だと思いますが、この考え方自体に見直しが必要です。これは、中嶋さんが言われるように、学校週五日制を決めたときに既にやるべきだったということです。一人当たりの負担をどう減らすかということから、全体の定数をもう一遍考え直すことが必要になってくると思います。

もう一つ必要なのは、教員以外の学校職員の配置の改善だと考えています。文部科学省はかねてより、「チーム学校」という考え方の普及を図っています。「学校というのは教員だけで成り立っているのではなく、ほかのいろいろな専門性を持った職員や支援スタッフがチームをつくって有機的に協力し合って運営していく組織であるべき」という考え方です。

私は、これは望ましい方向性だと思いますし、各先進国と比べても学校のスタッフの中での教員以外の職員、「ノンティーチングスタッフ」の比率が極めて低いのが日本の学校の特徴です。学校職員の中で、圧倒的多数が教員だというのが日本の学校の特徴ですが、教員以外の職員の貧弱さは、国際比較をしても分かることです。

この点については二〇一九年の中央教育審議会の答申が、教員の業務を一四項目に整理し、それを三分類して、「教育委員会なり行政なりがやればいい、あるいは地域でやればいいという学校でやる必要のない業務」、「教員が今やっているけれども、部活動など教員が担う必要のない業務」、「教員が引き続き担うことにはなるけれども、負担軽減が可能な業務」と三つに分けて示しました。この三分類は非常に有効なものだったと、私は思います。

この中で教員が担う必要のない業務とか、教員の負担軽減が可能な業務という分類がされた業務について、それを教員の負担軽減につなげるためにはどうするかといえば、教員に代わって担う職員が必要になってくるわけですが、そのような職員をどう増やすのかという政策が文部科学省には極めて貧弱だということです。

私が思い付くままにあげてみれば、まずは事務職員です。小中学校には基本的に一人しか配置されていません。次に、教員業務支援員です。文科省は、これは増やすと言っています。ほかに、ICT支援員、ALT（Assistant Language Teacher）、スクールカウンセラー、スクールソーシャルワーカー、特別支援教育支援員、バイリンガル支援員――これは外国ルーツの子どもたちが多いような学校ではどうしても必要になってきます――、また学校図書館法の改正で学校に置くことになっている学校司書、医療的なケアが必要な子どもたちが行く学校に必要な学校の看護師、そして、何といっても部活動指導員です。こういった、教員の担う必要のない業務や教員には担えない業務を担うための職員の増やすことが必要になってくると思います。そのための財源措置も当然必要になってきます。これが極めて乏しいところに問題が一つあると思います。

学校への配置状況が成熟してきた職員については、標準法の中に基幹的職員として位置付け、義務教育費国庫負担法の国庫負担の対象として組み入れていく方向性が、私は望ましいと思っています。

中でも、特に、部活動について指摘しておきます。これは、日本の中学校・高等学校に極めて特徴的な業務です。ほかの国にはこういうものはありません。だから、地域に移行させるべきだという議論も出てきています。文部科学省は二〇二〇年九月に発表した「学校の働き方改革を踏まえた部活動改革について」と題する政策文書で、二〇二三年度以降、休日の部活動の段階的な地域移行を図る方針を示しました。

私は地域移行がきちんとできるのであれば、それはそれでいいと思いますが、今文部科学省は「土・日の部活動だけ地域に移せ」と言っています。これは極めて奇妙な方針です。学校の部活動を、平日は学校の管理下でやるが、土・日だけは学校の管理下ではなくて地域でやる、こんな芸当はできません。こんなことはできっこありません。

私は、これは非常に矛盾をはらんだ政策だと思っています。文部科学省のもともとの政策としては、部活動は学校の活動としては残していく、しかし、教員の業務からは外す、そのために部活動指導員という学校職員を置くという方向でした。二〇一七年三月の学校教育法施行規則の改正でそういう職をわざわざ学校に設けました。

部活動指導員は、いわゆる「外部指導者」と呼ぶべきではない。これは、「内部職員」です。校長の指揮監督のもとにいて、非常勤ではあったとしても学校職員ですから、学校職員として部活動の指導をします。部活動指導員は、これまで部活動の顧問になっている教諭がやっている仕事を一〇〇%そっくり引き受けることができます。対外試合の引率、合宿の指導も含めて、安全注意義務も当然一〇〇%負います。つまり、学校管理下の活動だと言えるようにするわけです。これが部活動指導員という職を設けた理由です。単なる外部指導者ではありません。そうやって部活動は学校の活動として残しつつ、教員の業務からは外すという政策だったわけです。

もう一つの問題は、「部活大好き教師」が居ることです。そういう人はそういう人で頑張ってやればいいです。「部活大好き教師」を「ＢＤＫ」と言います。「ＢＤＫ」と呼ばれる教師たちに言いたいのは、「教師の本分、本来の仕事は部活動ではありませんよ」ということです。

私は広田照幸さんのおられる日大文理学部教育学科で非常勤講師をさせていただいていますが、日大文理学部はスポーツで入学した学生も多い。「教師になりたい」と言う学生に、「なぜ？」と聞くと、「部活動がしたいから」という答えが返ってくることも多いのですが、「それは教師の本来の仕事じゃないよ」と、くぎを刺さなければいけません。

私は、部活動は学校の業務として当面残しておくべきだと考えています。子どもの体験格差が非常に問題になっている中で、部活動を現時点で性急に地域に完全に移行してしまうと、部活動を家計負担でやらなければならなくなる。そうなると、家計の経済的な格差がそのまま子どもの体験格差になってしまいます。吹奏楽、美術、野球、バレーボールなどのいろいろな文化活動、スポーツ活動を貧富の差に関わりなく学校という公的なプラットフォームの中で経験できるということは非常に大事なことではないかと思うのです。

「部活動は日本特有のものだからおかしいじゃないか」という議論もありますが、私は日本特有だから悪いということはないと思います。教員の仕事からは外していかなければならないと思いますが、教員が部活動指導員を兼務するということはあっていいと思います。繰り返しますが、部活動のうち土・日分だけを地域に移行するというのは、フィージビリティーに欠けると思います。文部科学省は今、地域移行の旗を一所懸命振っていて、二〇二二年一二月に作成したガイドラインでは、二〇二三年度から三年間を「改革推進期間」だと言って、自治体に「推進計画」を作って推進するよう尻を叩いています。そんなことはやめたほうがいいと思います。

今、実は、スポーツ庁も文化庁も文部科学省の外局でありながら、経産省に牛耳られています。つまり、スポーツ産業や文化産業という観点での政策がどんどん際立ってきています。部活動の地域移行もその裏にはスポーツ・文化産業の育成ないしスポーツ・文化市場の拡大という政策目的があるわけですが、そのために部活動を使うことは、望ましい方向ではないと思っています。

文部科学省がやるべきこととしてもう一つ、文部科学省が現場に次から次へと覆いかぶせてきた仕事を総ざらいして見直すことが必要だと思います。法令改正や通知の発出によって、記録や報告の作成など「あれやりなさい。これやりなさい」と学校の業務を増やしてきた。五〇年前には学校内に存在しなかったような業務がたくさん生じています。こういうものを全体として一遍見直す必要があると思います。特に、私は「評価疲れ」ということが相当あると思っています。「評価をすれば良くなる」という神話のようなものがあります。児童生徒の評価にしても、教員の評価にしても、学校の評価にしてもそうですが、これらが「評価のための評価」になっているのではないかと思うのです。

実は、私は、教員の評価や学校の評価を現場に対して「やってください」と迫っていた側にいたのですが、「やってください」と言いつつ、「ほどほどにやってください」と言っていました。評価という仕事は本来の仕事ではありません。一〇〇のエネルギーがあったとして、評価のためにそのうちの二〇も三〇も費やすべきではありません。本来の仕事のほうにほとんどのエネルギーをかけて、それをどう良くしたらいいか考えるために必要な限度において評価をする。ですから、一〇〇のエネルギーのうちの一以下でいいわけで、評価のし過ぎは弊害にしかならないと思います。

中でも、私はもともと観点別評価に反対です。「それでも文部科学省の事務次官だったのか」と言われるかもしれませんが、「関心・意欲・態度」のようなものを評価すること自体、もともと問題があると思います。評価できないものを評価することにしかなりません。

さらに言えば、道徳科です。道徳の教科化に伴って、道徳についても児童生徒を評価することになりました。これは「個人内評価」と言って、道徳の授業を受ける前のタロウさん、ハナコさんと、道徳の授業を受けたあとのタロウさんとハナコさんが、道徳的にどのように向上したか。これを記述式で一人ひとり評価するというのが文部科学省が現場に求めていることですが、私は、そんなことはできっこないことだと思います。

これを一所懸命やろうとすると、教師一人ひとりがうんうんうなって評価することになりますが、いくらうなっても、神にしかできないことをやれと言っているのですから、これはできっこありません。ですから、私は、現場の教師の皆さんには、道徳科の評価についても悩む必要はなく、例文を使って適当に書けばいいと話しています。

最近では、教員免許更新制が昨年廃止になりました。これ自体は歓迎すべきことだと、私は思います。これも、「それでもおまえは文科省か」と言われるかもしれませんが、これは、もともと政治的に導入されたものであって、文部官僚はずっと抵抗していました。言っては何ですが、私は抵抗した側の官僚でした。

免許更新制がやっとなくなったのはいいことですが、代わりに、公立学校の教員には研修受講履歴記録システムというけったいなものが導入されることになりました。教員一人ひとりがどういう研修を受けたかをいちいち記録し、それを管理し、管理職はその記録を見ながら、「次はこういう研修を受けなさい」と勧める。こういうことをやれと文部科学省が現場に強いています。これは、そもそも受けたくない研修を受けさせられるという意味でも負担ですし、こういう記録を作ったり、それに基づいて、管理職が「ああだこうだ」と指導したりすること自体が余計な仕事であって、学校の仕事を増やすだけだと思います。

3◆残業代こそ「メリハリある給与」

先に述べたように給特法は二〇一九年に改正されたわけですが、これをもう一遍改正するという方向性が出てきています。「骨太の方針二〇二三」は「人材確保法の趣旨」を踏まえ、「教職調整額の水準」や「各種手当の見直し」など「職務の負荷に応じたメリハリある給与体系の改善」を検討し、「二〇二四年度中の給特法改正案の国会提出を検討する」としています。自民党の特命委員会も「人材確保法の初心に立ち返った教師の処遇改善」として、教職調整額の一〇％以上への増額や学級担任手当の創設などを提言しました。教職調整額を現行の四％から一〇％に引き上げるためには給特法の改正が必要になるわけです。しかし、人材確保法に立ち返るのなら、教職調整額ではなく「義務教育等教員特別手当」（以下、「義務特手当」と記す）を増額するのが筋です。

人材確保法の目的は教員に良い人材を得ることですが、そのためには教員の給与を高くする必要があるというのがその趣旨で、具体的には一般の公務員よりも教員の給与を高くすることを求めているわけです。その目的のために設けられた手当が義務特手当です。地方自治法にその根拠規定があります。第二〇四条第二項に列挙してある地方公務員の手当の中に明示されています。

義務特手当は、教員に支給される手当の中の一つですので、義務教育費国庫負担法上の国庫負担の対象になっています。人材確保法の初心に立ち返って教師の処遇改善するのであれば、義務特手当を増額し、その裏付けとなる国庫負担金を増額するということが本来の筋だろうと思います。

ただ現行法上は、義務特手当の支給額は地方に任されていて、条例で決めることになっているので、国が一律に引き上げることは困難です。もし一律に引き上げようとするのであれば、法律改正をして、法律の中に一定の額の基準を書き込むといった措置が必要になります。あるいは別の方法としては、義務特手当引き上げ分を算入した義務教育費国庫負担金の増額によって引き上げを促すことは可能だと思います。

一方、教職調整額という制度がなぜできたのかといえば、もともと一九六〇年代に「超勤訴訟」と言って、現場の教員たちが、実際に時間外勤務をしているにもかかわらず、時間外勤務手当が出ていないのはおかしいと、次々に訴訟を起こし、次々に勝訴したということがあったわけです。それで困った文部省が人事院と相談して作ったのが給特法であり、給特法に基づく教職調整額なのです。したがって教職調整額はもともと時間外勤務手当に代わるものとして設けられたものですから、人材確保法とは趣旨・目的が異なります。

給特法については、私は単純廃止論者です。給特法は公立学校の教員にだけ適用されている法律です。同じ教員でも国立学校と私立学校の教員には適用されず、労働基準法が適用されています。同じ公立学校の教職員でも、事務職員とか用務員、栄養職員という人たち、つまり教育職ではない人たちには適用されていません。学校の勤務時間管理が難しいからだという議論がされますが、事務職員や栄養職員には残業代が出ているわけですから、学校の校長はこれらの職員については勤務時間管理をしているはずです。

給特法は公立学校の教員だけを狙い撃ちした特異な制度なのです。この法律が必要だと説明するためには、公立学校の教員だけの業務の特殊性を説明しなければならないはずですが、そのようなものはないと思います。ですから、根底から問い直したときに、給特法の存在理由は説明できません。もし国立学校と私立学校の教員にも適用されているのであれば、整合性はまだ取れるかもしれませんが、公立学校の教員だけに適用されることは説明不能です。

しかし、文部科学省はこれまで、給特法を廃止あるいは抜本改正して公立学校教員に残業代を出すことを避けよう避けようとしてきています。「これだけは避けなければ」というトラウマのようなものがあって、残業代を出す案だけは避けなければならないと思っているようです。

その背景には、一種の「教師聖職者論」があります。「教師の勤務時間の内外は区別できない。教師たるものは、一日二四時間、一年三六五日教師である」という観念です。その引き合いによく出される話は、「あなたが教師だとして、夜の一二時に町の盛り場でたばこを吸っている教え子を見つけたら、『君、たばこを吸うのをやめて、早くうちに帰りたまえ』と言うでしょう?　それが教師たるものなんです。教師はいつどこにいても教師なんです」というものです。

「教師は勤務時間の内外で分けることはできない。教師は常に教師である」という「教師聖職者論」は、それはそうかもしれません。しかし、労働者であるという側面もあるわけで、勤務時間は決まっていますから、勤務時間の内外という概念はなければおかしいです。

また、実際上の問題として、校長たちは「勤務時間の管理は難しいんですよ。用もないのに残っている教員もいますし、家に持ち帰って仕事をしている教員もいますし」などと言うわけです。そういう訳で、「教員の勤務時間を管理することはできない」という議論が出てくるのですが、だったら、私立学校でも国立学校でもできないはずなのに、少なくとも建前上はちゃんと勤務時間管理をやっていることになっています。「じゃあ、そっちに矛盾があるじゃないか」ということになるわけです。

実際問題として、勤務時間管理は民間企業であっても、あるいは国や地方公共団体の一般公務員であっても、そう厳密に行われているわけではありません。しかし、やはり、勤務時間管理があるという前提で長時間勤務は抑制されているわけですから、公立学校の教員だけ勤務時間管理が困難だということは、私は言えないと思います。

でも、残業代支給の一番のボトルネックになっているのは、財務省と総務省です。要するに、残業代を払うための財源措置が困難だということです。教職調整額の四%の支給をなくして、時間外勤務に応じた時間外勤務手当を出すことになれば、非常に多額の、一説によると、国庫負担と地方負担を合わせて九千億円ぐらいの追加の財源が必要になるという試算があります。現状の過労死ラインに達するかあるいは超えるような長時間勤務の実態をそのままにしたまま時間外勤務手当を出すことになれば、今言ったような額が必要になってきます。

合わせて九千億円ということは、国庫負担が三分の一ですから、国費で三千億円です。残りの六千億円は都道府県や政令指定都市の給与負担者の負担になります。その部分は総務省が地方交付税交付金という形で措置することになります。ですから、残業代の財源措置に対しては、国庫負担分については財務省、地方負担分については総務省が大反対するわけです。

文科省としては、財務省と総務省が大反対することはできっこないと諦めています。文部科学省が給特法の教職調整額制度の廃止に手を付けたがらない一番の理由は、財源問題で打ち破れない壁があって、必ず跳ね返されるに決まっていると思っているからです。ただ、それを乗り越えていくのが政治の仕事だと、私は思います。教職調整額の一〇％への引き上げでも相当な額の追加財源が必要になります。それを自民党の特命委員会は打ち出したわけですから、ここまで打ち出すのなら、もう一声、残業代を出すというところまで打ち出してほしいと思います。残業代（時間外勤務手当）こそ「メリハリある給与」です。

教職調整額を廃止して、残業代つまり時間外勤務手当にすべきだという議論は、実は、文部科学省の中でも検討したことがあります。私が課長や審議官だった頃に、実際に、文部科学省の中で検討はしていました。中でも、二〇〇八年の九月に「学校の組織運営の在り方を踏まえた教職調整額の見直し等に関する検討会議」が行った「審議のまとめ」の中では、「教職調整額制度に代えて時間外勤務手当制度を導入することは一つの有効な方策である」という考え方が示されていました。そのあとこの議論は結論をえないまま立ち消えになってしまったのですが、今こそもう一度この議論をすべきなのです。

結論として私の意見は、給特法を廃止し、公立学校教員にも労基法を適用すべきだということです。

5・田中真秀＋広田照幸

教職員の定数問題の現状と課題

■費用の視点からの提言

本章では、教員の定数問題について財政学的な視点ならびに教員定数の量と質の課題を整理し、検討を行います。

これまでの章や本書でも教職員の定数の課題やその展望については述べられてきました。

本章では、はじめに、教員を取りまく環境とその課題について示し、そのうえで、財政学的な視点に焦点をあてて論じていきます。

1◆教員を取りまく環境とその課題

教員を取りまく環境を含めた教員のあり方をめぐる議論には、さまざまな次元のものが存在しています。そこ

表１　教員の質と量の視点

	短期的課題	中期的課題	長期的課題
教員の質	• 若手教員や講師の増加により教員の質を担保することの難しさ • 不適格教員	• 教員の質を担保できる教員養成 • 教員の質を担保できる教員研修 • 学び続ける教員、新たな課題に対応できる教員	• 優秀な人材を安定的に確保することで教育の安定化を図るための仕組みの構築
教員の量	• 教師の超過勤務実態に対して教員数を増やすことで一人ひとりの仕事量が削減できないか • 教員数の確保が難しい自治体	• 義務標準法により一定数の教員数は守られてきた一方で柔軟な教員数の確保が難しい現実 • 教員が魅力的な職であるか	• 教員数の安定的な確保と継続した教育の可能性

でまず、課題の整理をしておきましょう。

教員のあり方をめぐる問題は、大きく質的課題に関する議論と、量に関する課題の議論とに分けられます。また、課題の解決を考える時間軸の視点でいうと、短期的な（緊急的な）対応が必要な課題から長期的（持続的）な体制づくりが必要な課題まで、多様な視点の課題が存在しています（表1）。

教員の質に関しては、教員養成・採用・研修の一体化として大学と教育委員会が連携した養成や研修制度を各自治体の教員育成指標を用いて行うことで、一定程度の実質的な質保証をはかろうとして取り組まれてきました。研修に関しては、二〇二二（令和四）年には、教員免許更新講習が廃止され、その代わりに導入されたのが「自ら学び続ける教員」という像です。その像にそって、新たな教員研修制度の構築やそれを担う手段として教職大学院の機能の強化などが模索されてきています。制度や仕組みを充実させて、養成や研修で「質の高い教員」を確保していこうとする改革が進められてきているわけです。

一方で、教壇に立つことが芳しくない不適格教員や力量不足の教員の問題が、繰り返し指摘されてきました。

教員の質をめぐる課題の中には、後述する量の問題と結びついたものも存在しています。たとえば、教員を大量採用した世代が定年を迎えたため、新規採用予定数が増加傾向にあるにもかかわらず、志願者が漸減して競争倍率が低下している、果たして新規採用教員の質が確保できているのかといった議論があります。また、正規教員の定数が増えない中、代わりに臨時的任用教員など非正規教員の割合が上がっていて、「非正規教員だらけの学校で、今までのような指導体制が維持できるのか」という議論もあります。

　教員の質をめぐる課題は、それはそれで重要ですが、いま何よりも喫緊の課題は教員の量をめぐる問題です。本章では、教員の量の側面に焦点をあて、量を確保するための手段について検討していきます。ここでは特に財政的な視点に焦点をあてていきます。全体としては量の問題が改善していけば、質の問題の中のある部分はそれに連動して改善していくことになるでしょうが、必要に応じて質の問題にもふれることにします。

　現在注目をあびている教員の量の問題には、①現在の定数の枠組みの下で必要な教員が充足できていないという問題と、②教員の長時間労働が慢性化した状況で定数の改善等が必要だ、という問題の二種類の問題が存在しています。

　①のほうの問題は、年度初めに予定された教員の配置が、教員のなり手不足によってできなくなってしまっているという問題です。たとえば日本経済新聞の調査によれば、二〇二二年五月一日時点で、公立小中高校と特別支援学校の二〇九二校で計二七七八人の欠員が生じていました（「日経新聞」二〇二三年一月一六日）。なぜ教員の配置に穴が空いてしまっているのか、それによって現場でどのように悲惨なことが起きているのかについては、朝日新聞の記者の氏岡真弓さんがすぐれた本を書かれています（氏岡、二〇二三）。それはそれで、とても深刻な問題ですが、ここで考えたいのは、②のほうの問題——教員の慢性的な長時間労働の状況に対して、教員の定数を増員しないといけなくなっているという問題です。

2◆教職員の量を増やさないでやれる手段について

教員の慢性的な長時間労働の問題に対しては、教員の量を増やすというのがもっとも直接的で有効なわけですが、それには大きな額の予算が必要になります。そこで、教員の量を増やすという手立て以外のさまざまな策が、これまで講じられてきました。お金をできるだけ使わないでできることをやる、という姿勢で国の施策が講じられてきたわけです。教員の増員を論じる前に、まずはそれについてふれておきましょう。主なものは三種類です。

第一に、勤務時間についてのルールを作るとか変えるというやり方の改革があります。たとえば、定時退庁日を作れとか、一斉退庁時間を作れとか、一月の残業時間を四五時間以内にせよとか、上からの指示で学校への居残りをさせないようにする、というやり方です。二〇一九年に制度化された「年間を通じた変形労働時間制」の導入などもその一例です。こうした「改革」にはお金がかかりません。だから、もっとも簡便で安易な手法だと言えます。

しかし、勤務時間についてのルールだけ変えられても、仕事の全体量は不変ですから、それが十分な効果をあげるには至っていません。タイムレコーダーを打刻した後にあらためてこっそり学校に留まって仕事をこなしたり、自宅に持ち帰って家でたくさんの仕事をすることを余儀なくされたりしています。管理職がインチキな打刻をするよう懇請するのは、労働法上は不当労働行為にあたりますが、教員自身の善意や責任感でそんなことを続けている事例も多く聞きます。「年間を通じた変形労働時間制」も、忙しい時期の残業時間の数字を見かけ上減らすだけの意味しかありませんから、それも教員の長時間労働の改善にまったく貢献しません。まったく実質的な改善効果がないだけでなく、見かけ上は「在校等時間」の数字が減って見えるので、その結果、きちんと実効性のある改革が先送りや棚上げになってしまう可能性すら生んでしまいます。

第二に、教員の仕事の全体量を減らすための改革です。①業務の効率化、②業務の精選や削減、③代替スタッフ・補助スタッフの導入、といったやり方が採用されてきています。しかし、何年間もこの方向で「働き方改革」が推進されてきたにもかかわらず、長時間勤務はひどい状況が続いています（本書第7章を参照）。このことからわかるように、この方向の改革による改善効果は限られています。

たとえば、①業務の効率化は、ＩＣＴ技術を使った事務の効率化や出題・採点の効率化などが進められてきています。たくさんの教員を増やすほどの大きな予算はかからないのですが、新しいシステムの導入に関わる仕事量の一時的な増加の問題や、すべての教員に徹底させることの困難さの問題があるだけではなく、効率化して減らせる時間はさほど多くない、という問題もあります。

また、学校行事の精選とか準備の簡素化、部活動の休業日の設定など、②業務の精選や削減も進んできました。しかし、「何をどう減らすのかは個々の現場で判断せよ」という姿勢できているので、地域・保護者の声や、特定の活動に熱意を持つ教員の声もあって、なかなか減らす判断がつかないものもまだいろいろ残っています。学校の仕事には、「まったく無意味で無駄」という仕事は少なくて、「少しは役に立つが手間がかかる」というようなものが多いので、「役に立つから続けてくれ」という要望に、つい応じてしまおうとするのが善意に充ちた多くの教員なのです。

さらに、③代替スタッフ・補助スタッフの導入も進んできました。教員以外の人材が担うことのできる業務を切り出して、スクールカウンセラー（ＳＣ）など他の専門職に委ねるとか、教員業務支援員（スクールサポートスタッフ）やＩＣＴ支援員など補助的な業務をサポートしてもらうための補助スタッフの導入が進んでいます。こうした多職種の配置は単年度予算でなされますが、たとえば二〇二三（令和五）年度予算では八二億円がスクールカウンセラーとスクールソーシャルワーカー（ＳＳＷ）のために計上されました。また二〇二四（令和六）年度予算をみると、補習などの指導員として教員業務支援員が約二万八千人（一二六億円）、学習指導員として約一万四千人（四五億円）が計上されています。他には、副校長・教頭マネジメント支援員の配置も検討されています（一七億円）。

とはいえ、切り出せる仕事は限定的なので、教員の仕事量を減らせる部分は多くありません。また、そうしたスタッフの配置が教員の仕事の削減にどこまで有効かについての検証がほとんどない状況です。「子どもの問題と日々向き合っていると、月に数回来るだけの専門スタッフに任せられることは限られている」という声をよく耳にします。

教員の仕事の全体量を減らすための改革はまだまだやっていく必要があります。お金がかなりかかるものもあれば、あまりかからないものもあります。しかし、それらによって削減できる教師の仕事の時間の量は、これまでの改革の結果を見る限り、ごく限定的なものだといわざるをえないように思われます。

教員の量を増やさないでやれる第三のやり方は、長時間勤務に見合った対価を払う待遇改善をするというものです。そこには二種類の提案が出てきています。

一つは手当の増額や新設です。自民党の特命委員会が二〇二三年五月にまとめた提言では、教職調整額の「一〇％以上」への増額や、担任手当の新設などが提言されました。「教員の増員が進まないなら、せめて金銭的に報いよう」という考え方です。

しかし、このやり方では、教員の仕事の絶対量は変わらないから、悲惨な長時間勤務の状況は変わりません。しかも、手当の増額や新設はかなりの額の予算措置になりますから、「もうこれでいいだろう」と、教員の大幅増員を求める議論が、遠い未来に先送りになってしまうおそれがあります。また、八％への増額は、教員の残業時間の現状には対応していない水準にとどまるものであるにもかかわらず、「手当を改善したのだから、教員は長時間勤務を甘受しなさい」という話になってしまいかねません。一律の手当なので、教育委員会や管理職にも現場の教員にも、教員の仕事を削減しようとするインセンティブが働かなくなってしまう可能性もあります。「長時間仕事をがんばっている先生がよい先生だ」というふうにもなりかねないのです。

もう一つは、「公立の義務教育諸学校等の教育職員の給与等に関する特別措置法」（以下、「給特法」と記す）を廃止して、きちんと個々の先生の勤務実態に即した残業代を支払う仕組みにせよという案です。現状の長時間勤務のデータをもとに残業代を試算すると、約二兆円にもなるのでとても大きな額の予算が必要になります。しかし、教育委員会や管理職に残業を減らすインセンティブが発生するから、教員の仕事の徹底した削減には有効な作用を及ぼします。何年後かに給特法廃止を打ち出すという方針を掲げて働き方改革や補助スタッフの導入などをしっかり進めていけば、当初はかなりの額の予算が必要になりますが、中・長期的に見ると予算措置の規模は少なめに抑えていくことができるでしょう。

また、残業代をきちんと支払う仕組みに転換すれば、「割増の残業代を払うよりも教員の増員をした方が財政効率がよい」という議論も出てくるでしょう。すなわち、段階的に教員の増員にシフトしていく可能性がありま す。給特法の廃止論は、教員の長時間勤務問題の解決策として、お金はかかるけれども有効だといえそうです。

3 ◆ 教員の量を増やすとどのぐらいのお金が必要か

さて、ここからは、長時間勤務問題の解決策として、教員の量の問題を論じていくことにします。

まず最初に押さえておかないといけないのは、「教員の量を増やすためには、しっかりと予算を増やさないといけない」ということです。あたりまえのように映るかもしれませんが、実際には、「予算をかけないで教員を増やす」という虫のいいやり方が全国の教育委員会で実施されてきているからです。すなわち、二〇〇四年の制度改革で導入された総額裁量制のもとで、正規教員の数で計算された予算を非正規教員の雇用に流用する例が一般化してきました。非正規教員は安く使えるから、全体の人数としては多く配置できるわけです。「定数崩し」と呼ばれています。

しかし、このやり方は教育委員会にしてみると単年度ごとの予算措置なので教員数が常に保障されるわけではなく、前にふれたように、新学年が始まっても非正規教員が確保できないで「穴」が空くという事態が生じます。

それだけではなく、

① 若い世代をまず非正規教員として確保する道ができてしまうと、講師は安定した職ではないために教職の魅力が減退して、志す人たちを減少させてしまう、

② ＯＪＴ機能の担保が難しく、継続的なスキルアップが難しいため、質の高い教員の安定的な確保が難しくなる、

③ 正規教員は授業以外のさまざまな業務をこなしていますから、非正規教員が占める率が高くなると、中枢的な業務や周辺的な雑用など、正規教員の仕事量がかえって増えてしまう、といった問題があります。

また、何よりも、

④ 「定数崩し」で増やせる教員の数はごくわずかなので、現在の長時間勤務問題の解決策にはならないということがいえます。

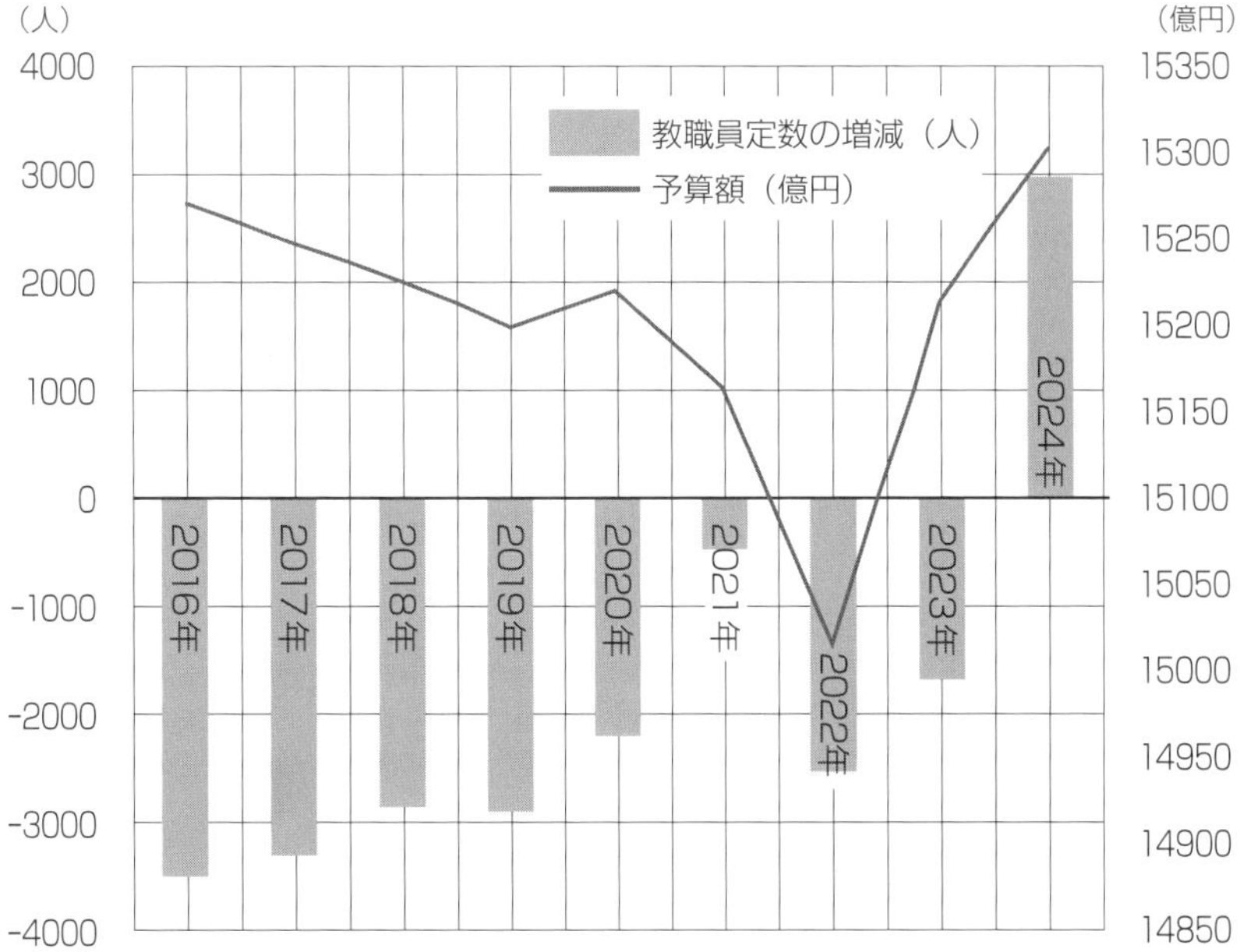

図1　義務教育費国庫負担額と教職員定数の推移

出典：各年度の文部科学関係の概算要求のポイントを元に筆者作成。

また、自治体独自で少人数学級を推進するために「定数崩し」で非正規教員を増やした場合には、かえって正規教員の持ちコマ数が増えることになるという点を、山﨑洋介さんたち（二〇一七）が指摘しています。「予算をかけないで教員を増やす」という虫のいい話は問題だらけなのです。

さて、そこで、本格的に予算を増やして教員を増員することを考えてみましょう。

まずは、近年の現状を確認してみましょう。文部科学省のホームページより、各年度の文部科学関係の概算要求のポイント〔または、文部科学省関係予算（案）のポイント〕を参考にし、義務教育費国庫負担額の推移とそれに伴う教職員定数の増減について図表を用いて示します。

図1は、義務教育費国庫負担額と教職員定数の推移をみたものです。公立小中学校教員の給料・諸手当の三分の一は、「義務教育費国庫負担」として文部科学省の予算から支出されています。残

表2　義務教育費国庫負担額の推移の内実

（単位＝億円）

年度	義務教育費国庫負担予算額	前年度予算額との差額	前年度予算額の差額の内訳								
			教職員定数の改善	定年引上げに伴う特例定員と給与増	教職員定数の自然減	教員給与の改善・見直し	教職員配置の見直し	国庫負担金の算定方法の適正化	人事院勧告による給与改定	教職員定数の合理化	教職員の若返り等による給与減
2016	15271	△13	11		△85				231		△170
2017	15248	△23	19		△89				136		△88
2018	15228	△20	34		△96				135		△94
2019	15200	△28	32		△94	△14			76		△29
2020	15221	21	82		△86		△43		72		△4
2021	15164	△57	68				△43		△45	△35	△2
2022	15015	△149	98		△147		△6	△18	*A		*A
2023	15216	201	104		△132		△8	△18	255		
2024	15302	86	128	118	△168	8					

注1：*Aは、資料の中で見直しがあったとの記述のみで金額の記載はない。
注2：対前年度比の金額が四捨五入されていることから、差額の計算と若干の誤差がある。
出典：図1と同じ。

りの三分の二は、総務省管轄の地方交付税の中から支出される仕組みになっています。だから、義務教育費国庫負担の推移を見れば、おおよその傾向が把握できます。この図1を見ると、予算額は文科省の努力で少し増えてきていること、しかし、それに対して教職員定数は二〇二二年まで漸減していき、それから増員によってようやく二〇二四年に二〇一六年を上回る水準に戻したことがわかります。なお、二〇二四年度の人数が増えているのは、定年引上げに伴う特例定員があるからです。

　表2を見ると、その動向の内訳がわかります。人事院勧告による給与の上昇分や教職員の若返り（世代交代）による削減分は人数に関係しないので、それ以外の列を見ると、「教職員定数の自然減」、すなわち少子化に伴う児童・生徒数の減少にともなう教職員定数の減少による支出削減が一貫して進んでいます。

　もう一方で、「教職員定数の改善」による増加分が継続して確保されています。文部科学省が予算要求で努力をして、「子どもの数は減っているけれど先生の数はできるだけ減らさないようにする」ということに努めてきていることがうかがえます。たとえば、二〇二二（令和四）年度に関して見ると、「小学校高学年の理科・算数等の教科における『教科担任制』の推進等を図るため、一〇三〇人の定数改善を措置、令和三年の義務標準法の改正を踏まえた小学校三年生の三五人以下学級の実現（三二五人増）、平成二九年の義務標準法の改正を踏まえた通級指導や日本語指導が必要な児童生徒の対応等に係る教員の基礎定数化（三七〇人増加）」といった感じです。

しかし、図1や表2からわれわれが読み取らねばならないのは、文部科学省の地道な努力にもかかわらず、教員の大幅な増員はなされてきていないということです。「教職員定数の改善」による増加分は、「教職員定数の自然減」の削減分に及びません。また、文科省の努力で新たに確保できた定員は、数百人とか数千人という単位にとどまります。二〇二二年度の全国の公立の小学校数は一八八五一校、公立の中学校数は九一六四校です。増員された教員の数は、平均して各学校一人に満たない程度なのです。これではどう考えてみても教員の長時間勤務問題の解決には向かいません。

つまり、予算をかけないで定数崩しという姑息なやり方で教員を増やす教育委員会の手法や、少子化の中で先生の数を一定数確保しようとする文科省の努力だけでは、いまの教員の長時間勤務問題は解決しないのです。

そこで次に、教員を思いきって増やしたらどの程度の財政支出が必要になるのかを考えてみることにします。第一の試算として、「公立小中学校一校平均で一人教員を増員するとしたら、どれぐらいのお金がかかるのか」を考えてみましょう。

中央教育審議会「『令和の日本型学校教育』を担う質の高い教師の確保のための環境整備に関する総合的な方策について」（二〇二三年）の関係資料によれば、大卒教員の平均経験年数一八年（四〇歳程度）の年収は、令和三年度段階では、六〇六・六万円が支給される額（扶養手当等の生活補助給的手当と地域手当等の地域給的手当を含まない）とされています。そこで、教員一人当たりの財政支出分を諸手当や事務的経費を含めて七〇〇万円と設定しておくことにしましょう。

二〇二二年度の全国の公立の小学校数は一八八五一校、公立の中学校数は九一六四校ですから、各校に一人ずつ増員するとしたら、二八〇一五人になります。一人七〇〇万円かかると考えてかけ算をすれば、必要な新規予算は年額一九六一億円だということになります。

第二の試算として、全国の公立の小中学校に、各校平均して三人教員を増やすことを考えてみたらどうでしょうか。これはあくまでも平均した数字ですから、実際には、大規模校では多めに、小規模校では少なめに配置することになりますから、中規模校で三人増えるイメージで学校の姿を思い浮かべてもらえばよいと思います。

この計算は簡単ですね。先ほどの試算を三倍すればよいだけです。小学校では五六五五三人、中学校で二七四九二人の増員になり、必要な新規予算は年額五八八三億円だということになります。

それでは、ちょっと違う角度から第三の試算をしてみましょう。本書第2章で浜田博文が提言しているような、「個々の教員の持ちコマ数を削減する」という視点で教員を増やしてみた場合の試算をしてみます。

公立小学校の週平均の持ちコマ数の現状を平均二四コマ、中学校の現状を一八コマと考え、それを小学校では一七コマ、中学校では一五コマに減らす、と考えてみた場合、どのぐらいの教員の増員が必要で、それにかかるお金が必要か、を計算します。

増員の前後で総授業の総コマ数が同じだと考えたときには、次のような式が立ちます。

〔小学校〕24 x1 = 17（x1 + y1）　x1：現在の公立小学校教員数　y1：増員が必要な公立小学校教員数
〔中学校〕18 x2 = 15（x1 + y2）　x2：現在の公立中学校教員数　y2：増員が必要な公立中学校教員数

現在の公立小学校教員数（x1）は、『文部科学省統計要覧』（令和五年度版）によれば、二〇二二年度には四一万六二二五人、公立中学校の教員数（x2）は二三万〇〇七四人ですから、それらを式に代入すると、y1とy2を求めることができます。

計算してみると、増員が必要な公立小学校教員数（y1）は、一七万一三八七人になります。また、増員が必要な公立中学校教員数（y2）は、四万六〇一五人になります。合計すると二一万七四〇二人で、一人七〇〇万円かかるとすると一兆五二一八億円が必要だということになります。

各学校に教員を一人増員したら年額一九六一億円（試算1）、各学校に教員を三人増員したら五八八三億円（試算2）、個々の教員の持ちコマ数を思いきって削減するための増員を試算してみたら、一兆五二一八億円（試算3）という数字が出てきました。

かなりの額になります。この額は捻出可能なのでしょうか。堀内孜（二〇〇一）は、少人数学級へと学級編制を改善することをめぐる議論の中でこの点にふれています。堀内は少人数学級化のための教員の増員は首肯されるべきとしながらも、「雇用経費の負担をどう考えるのかが重要であると述べます。特に「学級定数を引き下げ、教員数を増やすことは、その給与負担増を税金によって賄うことの合意を前提としており、優れて政治的意思決定に関わっている。国民がその税負担を承知することを前提として学級定数の切り下げを求めるならば、政治的レベルにおいて決着をつけることは最も正当な方策」であるとし、「『30人学級』を実施するには一兆数千億円の教員給与負担が恒常的に予定され、現在の国・地方の財政状況からすれば、それは消費税の増率をもってしか対応できない」(堀内、二〇〇一、三七頁)と述べています。堀内は消費税の増税を財源として考えているわけです。

他にも、教育国債の発行や大企業への資産課税など、別の財源案も考えられます。当面は別の分野の予算を少し削って教員の人件費増額に充てる、ということも考えられます。しかし、ここでは消費税率を上げて対処するとしたらどうなるのかを考えてみます。

大雑把に言って、消費税を一%増率することで政府は約二兆円の増収になります。この点については、消費税八%から一〇%になった時の消費税収から暫定的に計算することができます。消費税率が八%から一〇%となったのが二〇一九(令和元)年一〇月だったので、その前後の年度で比較します。消費税収(国の分)の二〇一八(平成三〇)年度分が一三・六兆円、二〇二〇(令和二)年度が一七・五兆円です。その差額は約四兆円となります。

消費税が八%から一〇%に増率した際には、社会保障費にその予算の多くが使われることになっており、子どもにかかる経費としては、就学前教育または高等学校の教育費となっていました。同様に、消費税率引き上げの一部に義務教育への支出を目的として明示すれば、教員の増員のための財源は確保できることになります。

先ほどの試算1でみたように、公立小中学校各校に教員を一人増員したら年額一九六一億円でしたから、その場合には、消費税を約〇・一%上げた場合の税収分に該当します。また、各学校で平均三人増やす場合には年額五八八三億円ですから、消費税を〇・二九%上げればよいという計算になります。小中学校の教員を大量増員して持ちコマ数を思い切って削減した場合、先ほどの試算3のケースでは、一兆五二一八億円が必要ですが、それは消費税率の〇・七六%分の税収に該当します。

皆さん、どうでしょうか。国民の皆さんに納得してもらって、「今の学校の悲惨な状態の問題を解決するため」

と考えてもらうことができれば、一%以下の消費税の増率によって問題を解決することができるのです。国民の皆さんの理解がえられさえすれば、という話ですが。

この点に関わって、先ほど引用した堀内は、次のように述べています。「(教職員定数の配置の問題は) 教職員定数に限らず我が国の公務労働、更には労働力構成、配置全般に関わって検討されるべきであり、高齢化・少子化による産業構造の変化と福祉・医療、そして教育への資源投入の在り方というマクロな視点は不可欠である」。確かにその通りで、今後の国のあり方を考えたときには、「高度知識社会」「Society 5.0」といった言葉に示されているように、教育を通して、より価値創出的な若い世代を育成していくことが、教育の役割になるはずです。だからたとえば、当面は教育国債を発行しながら教員数を段階的に増やしていき、いずれ消費税率を上げることになった時に、消費税から償還していけば、スムーズに対応することができます。もしも「これからの国力の要は教育にある」ということに合意してもらえるならば、学校の先生がもっと余裕を持って、新しい教育への創意工夫や一人ひとりの子どもに丁寧に指導できるような学校になっていくために、たとえば消費税率を少し上げることに納得してもらえるのではないでしょうか。

4◆教員の量の増やし方

最後に、教員の量を増やすやり方について論じることにしましょう。

国が定める教員の量は、「標準定数」と呼ばれています。この「標準定数」は、「基礎定数」と「加配定数」とから成り立っています。「基礎定数」は児童生徒数に基づく学級数に見合った定数であり、毎年それにそって予算が支出されます。いま「学級数に見合った」と書きましたが、基礎定数の算出方法を定めた義務標準法の中では、学校規模（学校ごとの学級数）別に係数（「乗ずる数」といいます）が示されていて、それで基礎定数が計算されます。たとえば一二学級の小学校（一学年二クラスずつ）では、「乗ずる数」が一・二一〇となっていて、一二×一・二一〇で、一四・五二人が定数だということになります（これはあくまでもその数字で人件費を予算化するということで、実際の教員配置の際の端数部分の扱いは、自治体によって異なります）。

また、教育課題に対する「加配定数」がそれとは別に単年度ごとの予算で認められており、都道府県の申請に応じて配当されています。財務省（二〇二三）が示す資料によると、政策目的に配分される「加配定数」は四・七万人であり、そのうち少人数指導に三・〇万人、いじめ・不登校対応に〇・八万人、特別支援教育に〇・三万人となっています。

この基礎定数と加配定数を合わせたものが「標準定数」と呼ばれています。二〇二三（令和五）年度の標準定数に基づく教職員定数は六九・一万人となっております。これ以外にも地方自治体の独自財源で設定される定数もありますが、それは決して多くありません。また、全国でしっかりした増員をしていくためには国の予算こそが肝心ですので、ここでは標準定数に関してのみ論じることにします。

国全体で教員数を増やすには、加配教員を増やすやり方と、義務標準法に基づく基礎定数を増加させるやり方とがあります。これまでの基礎定数の見直しは、一九八〇年に学級編制の標準が四〇人になって以降、二〇〇一年の小学校一年生の学級編制の標準を三五人にするまでは、加配定数の改善により教員数の増加を見込んできました。中には、加配定数の一部を基礎定数に付け替える形で条件整備が進んだこともありました。しかし、その人数は残念ながら多いわけではなく、単年度加配となると予算措置が廃止される可能性があることから、教育委員会が正規教員の採用増加にはなりにくいといった課題があります。

そうだとすると、義務標準法の中の標準定数の改善こそが、教員の思いきった増員に必要だと言えます。

さて、義務標準法の構造に対しては、末冨芳が重要な指摘をしています。

算定方式からだけ考えれば、教職員基礎定数改革のオプションは、大きく考えると、⑴児童生徒数に対応する算定方式への抜本的改革、⑵現行標準法の学校数および学校規模別学級数の算定方式の一部を変更する改革となる。また⑵の方式でも、①これまで焦点となってきた学級編制標準を三五人学級もしくはそれ以下へと少人数化する方法だけでなく、②学校数に対応して配置される職を増員する手法、③教員の職務負担実態に対応して学校規模別学級数に掛け合わせる係数を改良する手法も想定できる（末冨、二〇一六、四三頁）。

ここで、末冨の指摘する①の三五人学級の実施は小学校においては現在完全実施に向かっており、中学校の三五人学級化の議論もようやく始まりかけています。教員の増員の面でも、教育の質の向上という意味でも、歓迎すべきことです。また、②の配置される職を増員するという点は、末冨の指摘とは少し異なる点もありますが、前述したように、「チーム学校」の議論の中で、教員以外のスタッフの導入が進められてきています。これはまだ増やす必要があるので、文科省にはさらにがんばって予算を確保してもらわねばなりません。

しかし、教員の長時間勤務問題の改善策の本命は、③です。「学校規模別学級数に掛け合わせる係数」、すなわち、義務標準法の「乗ずる数」の数字をもっと大きくして、学級数当たりに配当される教員の数を増やすというやり方です。前節の試算でふれた教員の増やし方は、この「乗ずる数」の数字を大きくすることで実現することができます。

これから少子化がさらに進んでいく中で、学級数が少ない学校がもっと増えていくことが予想されます。子ども人口の減少局面だからこそ、教員の長時間勤務問題の解決のためにも、教育の質の改善のためにも、義務標準

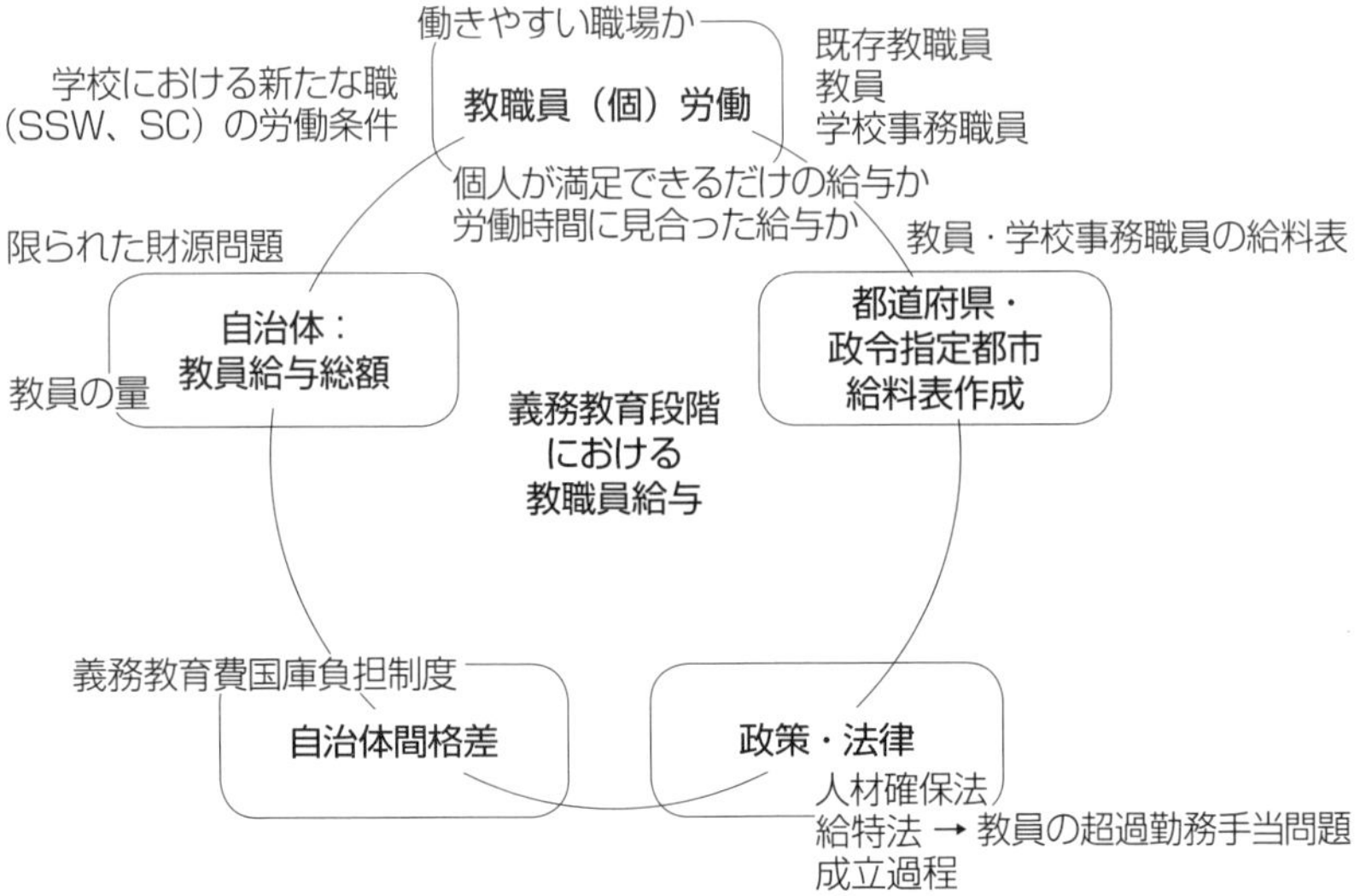

図２　義務教育段階における教職員給与の視点

法の「乗ずる数」の数字を大きくするべきではないでしょうか。

5◆最後に

本章では、教職員の定数改善に至る過程について検討した上で、教員の質と量の確保を行うために、財政学的な視点で考えてきました。教員定数を増やすためには、そのための予算の増額が必要になります。この点では、教育以外の予算を含めて、国の税収をどこにどう使うべきなのかという点を、国民一人ひとりがどう判断するかが重要になってきます。すなわち、教員の量と質を確保できるだけの予算の確保は、国民一人ひとりの選択によって可能性があるということがいえるのではないでしょうか。

義務教育のお金をめぐる問題には、さまざまなアクターや局面があります。図２は、義務教育段階における教職員給与の視点を整理した図です。教職員の個々の労働問題として捉えた場合、個人が満足できるだけの給与水準か、労働時間に見合った給与を支払われているのか、また、職務の視点から鑑みると、学校における新たな職の労働条件との整合性はどうなっているのかという視点が必要です。また、教員給与総額としては、限られた財源を自治体により、どのように選択するのかという点になります。そのことに踏まえて、教職員給与の配分等のありかた、また都道府県や政令指定都市での給料表の作成は、自治体独自の給料表策定が可能であるとともに、自治体間格差が広がる懸念もあります。また、政策・法律の視点では、人材確保法や給特法、ならびに教職員の超過勤務手当問題にもつながります。

しかし、何よりも、いまは教員の長時間勤務問題が問題で、その解決に向けて教員の量こそが焦点です。小手先の改革や見せかけの改革では、この問題は解決できません。「しっかりお金を出さないといけない」という世論が形成される日を待ち望んでいます。

●引用・参考文献

氏岡真弓（二〇二三）『先生が足りない』岩波書店。

財政制度等審議会「令和六年度予算の編成等に関する建議」〈https://www.mof.go.jp/about_mof/councils/fiscal_system_council/sub-of_fiscal_system/report/zaiseia20231120/01.pdf〉。

財務省（二〇二〇）「歳出改革部会（令和二年一〇月二六日開催）」〈https://www.mof.go.jp/about_mof/councils/fiscal_system_council/sub-of_fiscal_system/proceedings_sk/material/zaiseisk20201026.html〉。

財務省（有利浩一郎）（二〇二二）「令和四年度　文教及び科学振興費について」〈https://www.mof.go.jp/public_relations/finance/202203/202203f.html〉。

財務省「消費税の使途に関する資料」〈https://www.mof.go.jp/tax_policy/summary/consumption/d05.htm〉。

末冨芳（二〇一六）「義務教育における『標準』の再検討――基礎定数改革の困難と展望――」『日本教育行政学会年報』第四

二号、三六～五二頁。

中央教育審議会「令和の日本型学校教育」を担う質の高い教師の確保のための環境整備に関する総合的な方策について（諮問）」（二〇二三年五月）〈https://www.mext.go.jp/b_menu/shingi/chukyo/chukyo0/toushin/mext_01437.html〉。

堀内孜（二〇〇一）「新しい教職員配置政策の背景・目的と課題」『教育行財政研究』第二八号、三六～三九頁。

文部科学省「教職員定数の関係について」（財政制度等審議会財政制度分科会歳出改革部会資料についての文部科学省の見解）〈https://www.mext.go.jp/a_menu/shotou/hensei/003/mext_00995.html〉。

文部科学省『文部科学統計要覧・文部統計要覧』〈https://www.mext.go.jp/b_menu/toukei/002/002b/koumoku.html〉。

文部科学省　予算・決算、年次報告、税制（令和元年度以降の資料）〈https://www.mext.go.jp/a_menu/kaikei/index.htm〉。

文部科学省　予算・決算、年次報告、税制（令和元年度以前の資料）〈https://warp.ndl.go.jp/info:ndljp/pid/11293659/www.mext.go.jp/a_menu/kaikei/index.htm〉。

山崎洋介（二〇一七）『いま学校に必要なのは人と予算——少人数学級を考える』新日本出版社。

さまざまな考察と提言

6 働き方改革だけでは問題は解決しない

7 高校教員の長時間労働問題を考える

8 公立学校教員による時間外労働の違法性

■ 給特法のもとでも労働対価が払われるべき？

9 教員の長時間労働と部活動顧問「制度」

6・広田照幸＋橋本尚美

働き方改革だけでは問題は解決しない

1◆はじめに

教員の慢性的な超過勤務の問題への対応が待ったなしの状態になっています。自民党の「令和の教育人材確保に関する特命委員会」が二〇二三年五月にまとめた提言では、「中学校三五人学級の実現」や「小学校高学年の学級担任の持ちコマ数を週二〇コマ程度とする」ことを打ち出しました。教員定数の増員に向けて画期的な一歩です。自民党の萩生田光一政調会長（当時）は、『教育新聞』のインタビューで、「教科担任制、少人数学級で基礎定数を増やす」と明言し、「今までのように現場任せで、どんなに業務量が膨らんでも教員たちが何とかしてくれるみたいな姿勢では、公教育がパンクしてしまいます」と述べています（「教育新聞」二〇二三年七月一九日）。

しかし、もう一方では、「教員を増やさないで何とかならないか」という意見も根強くあります。財務省の財政制度等審議会財政制度分科会は、二〇二三年四月の会合で、より徹底した業務の削減とメリハリをつけた給与体系とで、この問題に対応しようとしています。前にふれた自民党特命委員会の提言でも、改革案の本筋は教職調整額の増額や諸手当の改善・創設の方にあります。

これに対して、ここで示したいのは、「働き方改革で業務の削減や改善をもっと徹底して進めても、それだけでは問題は解決しない」ということです。検証する素材は、文部科学省が二〇二二年に実施した教員勤務実態調査のデータで、それを少し加工しながら、「働き方改革でどこまで教員の長時間勤務は減らせるのか」を考えてみます。

2◆指導に関わりの薄い仕事を半減させてみたら……

表1の「二〇二二年調査」の列は、二〇二二年の教員勤務実態調査でえられた教諭の平日一日当たりの在校等時間（分）の内訳です。これをみると在校等時間（総計）は、小学校教諭で六四五分（一〇時間四五分）、中学校教諭で六六一分（一一時間一分）にものぼっています(1)。

本来あるべき制度の設計においては、超過勤務は臨時的にのみ発生するよう考えなければなりません。ほとんどの自治体では、条例により公立学校教員の勤務時間を一日七時間四五分と定めていますから、あるべき勤務時間は一日四六五分でなければなりません。それと現実との差は、小学校では一八〇分、中学校では一九六分にもなります。二〇一六年の教員勤務実態調査と比べると、在校等時間（総計）は、小・中学校とも約三〇分減少していますが、それでも今でもひどい状況です(2)。

では、「働き方改革」をもっと徹底して進めてみたら、どうなるでしょうか。表1にいくつかの想定を示しました。
まず、「想定1」の列は、児童・生徒の指導に比較的関わりの薄い仕事（グレーの網かけ部分）を、一〇数項目にわたって半減させてみた場合の数値です。たとえば、「朝の業務」は四一分→二〇・五分、「学年・学級経営」は一九分→九・五分、というふうになります。財務省の審議会がいうように、思いきって「事務・会議や外部対応などの業務」を減らしていっても、実際には日々の学習指導や生徒指導などに関わる件が少なくないですから、ゼロにすることは現実的ではありません。そこで、ここでは「半減させる」という想定で計算をしました。計算の結果は、小学校教諭の在校等時間（総計）が五六七分、中学校教諭が五七六分で、所定の勤務時間である四六五分との間には大きな距離があります。事務の効率化や会議の精選だけではどうにもなりません。

そこで、「想定2」は、「想定1」に加えて、「成績処理」の効率化と「部活動・クラブ活動」の地域移行を進めて、それらの時間を半減させた場合の数値です。成績処理の時間は効率化できてもゼロにはなりませんし、部活動等の一部には教員が顧問等をせざるをえないものもあるはずですので、ここでも「半減」で計算しました。

＊

仕事削減の試算　（単位＝分）

中学校				
時間削減の想定				
2	3	4-1	4-2	5
22.0	22.0	22.0	22.0	22.0
196.0	196.0	161.0	131.0	116.0
23.0	23.0	23.0	23.0	23.0
83.0	83.0	83.0	83.0	83.0
13.0	13.0	13.0	13.0	13.0
18.0	18.0	14.8	12.0	10.7
49.0	24.5	24.5	49.0	49.0
5.0	2.5	2.5	5.0	5.0
14.0	14.0	14.0	14.0	14.0
18.5	18.5	18.5	18.5	18.5
5.0	5.0	5.0	5.0	5.0
15.0	7.5	7.5	15.0	15.0
13.5	13.5	13.5	13.5	13.5
8.5	8.5	8.5	8.5	8.5
9.0	9.0	9.0	9.0	9.0
3.0	3.0	3.0	3.0	3.0
2.0	2.0	2.0	2.0	2.0
0.5	0.5	0.5	0.5	0.5
8.5	8.5	8.5	8.5	8.5
2.0	2.0	2.0	2.0	2.0
4.5	4.5	4.5	4.5	4.5
0.0	0.0	0.0	0.0	0.0
0.5	0.5	0.5	0.5	0.5
4.5	4.5	4.5	4.5	4.5
2.5	2.5	2.5	2.5	2.5
4.5	4.5	4.5	4.5	4.5
14.0	14.0	14.0	14.0	30.0
539	505	466	468	468

表１　小・中学校教諭の平日１日当たりの在校等時間（内訳）をもとにした

業務内容		小学校								
		2022年調査	時間削減の想定						2022年調査	
			1	2	3	4−1	4−2	5		1
児童生徒の指導	朝の業務	41	20.5	20.5	20.5	20.5	20.5	20.5	44	22.0
	授業（主担当）	253	253.0	253.0	253.0	203.5	172.0	154.0	196	196.0
	授業（補助）	20	20.0	20.0	20.0	20.0	20.0	20.0	23	23.0
	授業準備	76	76.0	76.0	76.0	76.0	76.0	76.0	83	83.0
	学習指導	21	21.0	21.0	21.0	21.0	21.0	21.0	13	13.0
	成績処理	25	25.0	12.5	12.5	10.1	8.5	7.6	36	36.0
	生徒指導（集団１）	56	56.0	56.0	28.0	28.0	56.0	56.0	49	49.0
	生徒指導（集団２）	2	2.0	2.0	1.0	1.0	2.0	2.0	5	5.0
	生徒指導（個別）	4	4.0	4.0	4.0	4.0	4.0	4.0	14	14.0
	部活動・クラブ活動	3	3.0	1.5	1.5	1.5	1.5	1.5	37	37.0
	児童会・生徒会指導	2	2.0	2.0	2.0	2.0	2.0	2.0	5	5.0
	学校行事	15	15.0	15.0	7.5	7.5	15.0	15.0	15	15.0
	学年・学級経営	19	9.5	9.5	9.5	9.5	9.5	9.5	27	13.5
学校の運営	学校経営	17	8.5	8.5	8.5	8.5	8.5	8.5	17	8.5
	職員会議・学年会などの会議	19	9.5	9.5	9.5	9.5	9.5	9.5	18	9.0
	個別の打ち合わせ	5	2.5	2.5	2.5	2.5	2.5	2.5	6	3.0
	事務（調査への回答）	4	2.0	2.0	2.0	2.0	2.0	2.0	4	2.0
	事務（学納金関連）	1	0.5	0.5	0.5	0.5	0.5	0.5	1	0.5
	事務（その他）	15	7.5	7.5	7.5	7.5	7.5	7.5	17	8.5
	校内研修	9	4.5	4.5	4.5	4.5	4.5	4.5	4	2.0
外部対応	保護者・PTA 対応	6	3.0	3.0	3.0	3.0	3.0	3.0	9	4.5
	地域対応	0	0.0	0.0	0.0	0.0	0.0	0.0	0	0.0
	行政・関係団体対応	1	0.5	0.5	0.5	0.5	0.5	0.5	1	0.5
校外	校務としての研修	8	4.0	4.0	4.0	4.0	4.0	4.0	9	4.5
	会議	3	1.5	1.5	1.5	1.5	1.5	1.5	5	2.5
その他	その他の校務	8	4.0	4.0	4.0	4.0	4.0	4.0	9	4.5
	職専免研修、自己研鑽、休息等	12	12.0	12.0	12.0	12.0	12.0	30.0	14	14.0
総計（分）		645	567	553	517	465	468	467	661	576

しかし、それでも、小学校が五五三分、中学校が五三九分で、まだまだ前述の四六五分との間には大きな距離があります。

さらに、「想定3」では、「想定1」「想定2」に加えて、集団的な生徒指導及び学校行事にかけている時間を半減させてみました。日本の学校は、長い間、集団指導や学校行事に手を抜かないで取り組むことで指導の効果を上げてきましたが、それをさらに減らしてみたらどうなるか、という試算です。実は、二〇〇六年の教員勤務実態調査（国立大学法人東京大学、二〇〇七、二七九頁）と比べると、「生徒指導（集団1・集団2）」の時間は、小学校で七七分→五八分、中学校で六六分→五四分と、二〇二二年には減少しています。「学校行事」も小学校二九分→一五分、中学校五三分→一五分と、見直し・精選が進んできています。だから、「もうこれ以上は減らせないよ」と反対する声が出てくるかもしれません。しかし、これらを減らしてもなお、小学校が五一七分、中学校が五〇五分にとどまってしまいます。

これらの多くの業務をさらに半減してもなお、在校等時間（総計）は五〇〇分を超えており、四六五分には届きません。つまり、どんなに「働き方改革」を徹底して進めていっても、それだけでは教員の慢性的な「残業」はなくならないのです。

前述した自民党の特命委員会の提言では、「将来的には平均の時間外在校時間を月二〇時間程度となることを目指すべきである」と述べています。しかし、恒常的な「残業」を不可欠な前提にした制度は、理想でも何でもありません。教職調整手当をどう考えるか、どうするかについてはいろいろな考え方ができますが、本来、ワークライフバランスを考えると、普通の教員の平均的な働き方で、所定の時間に帰ることができる制度づくりをめざさねばならないはずです。そこで、次に、持ちコマ数の削減＝教員の増員の可能性を考えてみます。

3◆持ちコマ数の削減＝教員の増員を

表1の「想定4−1」「想定4−2」の例は、教員の定数増などにより、教員一人当たりの「授業（主担当）」の業務時間を削減することを想定したものです。まず、「想定4−1」は、「想定1」〜「想定3」に加えて、小学校は「授業（主担当）」を一日一・一コマ、中学校は〇・七コマ減らしてみたらどうなるかを計算しています（一コマは小学校四五分、中学校五〇分とする）。「授業準備」の時間は維持し、「成績処理」の時間はコマ数に比例して削減させています。事務・会議等だけでなく、集団指導や学校行事のスリム化を行いながら、同時に、教員の持ちコマ数を減らす想定です。

また、「想定4−2」は、「想定1」「想定2」に加えて、小学校は「授業（主担当）」を一日一・八コマ、中学校は一・三コマ減らすことを想定しています。「生徒指導（集団1・集団2）」「学校行事」「授業準備」の時間は維持し、「成績処理」の時間はコマ数に比例して削減します。集団指導や学校行事は現状を維持しつつ、より大胆に教員を増やして、持ちコマ数を減らす想定です。

ここで設定した持ちコマ数の削減によって、やっと教員の在校等時間（総計）を所定の労働時間である四六五分に近づけることができました。つまり、教員の長時間勤務の解決には、教員を増員して教員一人当たりの持ちコマ数を削減することが、欠かせないのです。

ただし、これに留まらず、「想定5」を示します。「想定5」は、「想定1」「想定2」に加えて、勤務時間中に「自己研鑽」（あるいは校長による承認研修）の時間を三〇分確保することを想定しています（休息はゼロと想定）。「学び続ける教員」であるためには、勤務時間内において教員が学べる時間を確保することが必要です。実は、一九六六年の勤務実態調査では、服務時間内の「承認研修」と「自主研修」とが、小学校では合わせて一日当たり四六分、中学校では四三分存在しました（人事院給与局、一九七一、二五頁）(3)。勤務時間中に新しいことを学ぶ時間が奪われているのが今の教員なのです。教員の業務には、自律性、創造性が期待されています。これらを発揮するための「自己研鑽」の時間が必要であり、そのための「改革」であるべきです。

ここでは、小学校では「授業（主担当）」を一日二・二コマ、中学校は一・六コマ減らすことで、「自己研鑽」の時間も含めて四六五分の枠に収めることができました。自己研鑽の余裕を作るためには、かなりのコマ数削減＝教員の増員が必要です。ただし、もしも教員が大幅に増えれば、さまざまな校務の負担もそれに合わせて減りますから、実際のコマ数削減はもう少し小幅なもので収まるはずです。

4◆おわりに

働き方改革を徹底して進めても、教員の長時間労働の問題は解決しません。教員を増やして、一人当たりの持ちコマ数を減らさねばなりません。本章の結論はこれです。ただし、ここで行ってみた試算はあくまでも平均値を使ったラフなものです。大規模学校や、児童・生徒のさまざまな問題を抱えて苦労している学校などでは、教員がもっと平均値よりも長時間働いています。若手の教員や特定の校務分掌、部活動などを担当する教員には負担が集中している、という話も聞きます。教員の増員を行う際には、どの学校段階で、どのような教員をどういうふうに増やせばよいのか、もっときちんと細分化した現状分析やシミュレーションをして、義務標準法に示された係数を設定し直すことが必要です(4)。

改革の本丸は義務標準法です。治療薬を処方しないで解熱剤だけでは慢性的な病気は治りません。

●注

1　調査時期は一〇月・一一月。「職専免研修・自己研鑽・休息等」の行の数値は、文部科学省が公表した「教諭の一日あたりの在校等時間の内訳」の表には入っておらず、総計から各項目を引いて算出した。なお、「在校等時間」の定義上は、「勤務時間外における自己研鑽及び業務外の時間」と「休憩時間」（所定は四五分）とを除く、とされている。

2　二〇一六年の在校等時間（総計）は、小学校教諭六七五分（一一時間一五分）、中学校教諭六九二分（一一時間三二分）。なお、教諭が業務を行っている時間には、平日の在校等時間以外に、土日の在校等時間、平日と土日の持ち帰り時間があるが、ここでは扱わない。

3　人事院給与局（一九七二）二五頁の表から算出。

4　たとえば、山崎洋介他（二〇一七）の提案を参照。

●引用・参考文献

教育新聞「【萩生田氏に聞く（上）】『レギュラーの教員を増やす』と強調」（二〇二三年七月一九日速報）。

国立大学法人東京大学（二〇〇七）『平成一八年度文部科学省委託調査研究報告書 教員勤務実態調査（小・中学校）報告書』。

財務省財政制度等審議会財政制度分科会（二〇二三年四月二八日開催）「議事録」「提出資料」。

自由民主党政務調査会令和の教育人材確保に関する特命委員会（二〇二三）「令和の教育人材確保実現プラン（提言）～高度専門職である教師に志ある優れた人材を確保するために～」。

人事院給与局（一九七二）『教員の超勤問題に関する資料』。

文部科学省（二〇一八）「教員勤務実態調査（平成二八年度）（確定値）について」。

文部科学省初等中等教育局（二〇二三）「教員勤務実態調査（令和四年度）の集計（速報値）について」。

山崎洋介・ゆとりある教育を求め全国の教育条件を調べる会（二〇一七）『いま学校に必要なのは人と予算――少人数学級を考える』新日本出版社。

（初出：広田照幸・橋本尚美（二〇二三）「働き方改革だけでは問題は解決しない」『季刊教育法』第二一八号、エイデル研究所、五〇～五三頁。ただし少し加筆している。）

7・広田照幸

高校教員の長時間労働問題を考える

1◆はじめに

公立学校教員の長時間労働問題を何とかしなければという議論が、ようやく新しい段階に入ってきた。二〇二三年五月には、自民党の「令和の教育人材確保に関する特命委員会」が提言をまとめ、「中学校三五人学級の実現」や「小学校高学年の学級担任の持ちコマ数を週二〇コマ程度とする」ことを打ちだした。中央教育審議会でも質の高い教師の確保特別部会が、六月末から議論を始めている。

とはいえ、改革をめぐる議論の場では、もっぱら小中学校教員の問題に焦点があてられており、高校教員の長時間労働問題への関心は、残念ながら薄い。確かに、二〇二二年の教員勤務実態調査（以下「二二年調査」と記す）をみると、小学校では一週間に二六コマ以上授業をしている教員が約三分の一にも上る惨状だし、中学校は一日当たりの在校等時間が一一時間を超えた状態になっているから、「ともかく小中学校の状況の改善を」というのは、理解できなくもない。

しかし、小中学校の状況の方がより深刻だからといって、高校の教員の長時間労働問題を放置しておいてよいわけではない。二二年調査では高校も調査の対象になったが、高校教諭の満足度についての質問では、仕事そのものには満足している者の割合が高いけれども、ワークライフバランスについては、満足していない者がかなりいることがわかる（図1）。

二二年調査では高校教諭の「在校等時間」は平均六〇六分である。ただし、「在校等時間」の定義には労働基準法で定められた四五分間の休憩が入っていない。だから、それを加えると、平日は一一時間近く学校の中で過ごしていることになる。

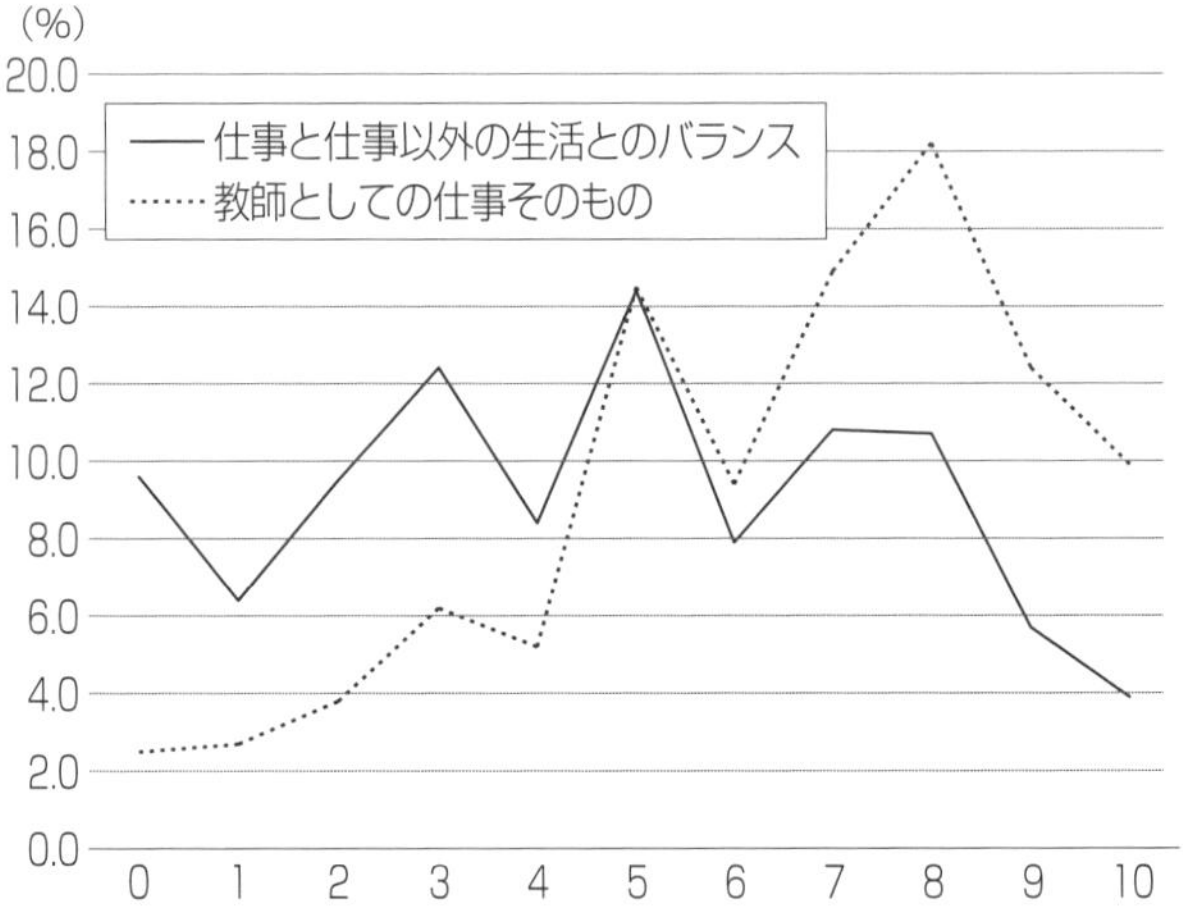

図1　高校教諭の満足度（教員勤務実態調査、2022年）

注：横軸は満足度。「0」＝全く満足していない ～「10」＝非常に満足している。

現場の先生からは、「最近は昔に比べて学校にいる時間が長くなった」という話をよく聞く。本当にそうなのだろうか。少し調べてみた。

二二年調査では高校教諭の土日の在校等時間は平均二時間一四分なので、平日五日分と合わせると、一週間の在校等時間は五二時間四四分になる。それに対して、一九六六年に文部省が行った調査では、全日制高校教員では、自主研修、関係団体（組合など）活動、社会教育を除くと四五時間一六分だった[1]。また、一九五三年に日本教職員組合が実施した調査では、高校教員は自主研修、関係団体（組合・教育会など）活動、社会教育を除くと四五時間五六分だった(2)。やはり、昔に比べて教員は長時間労働になってきたようである。

2◆「働き方改革」でどこまで減らせるのか?

ここでは、二二年調査の数字をもとに、いくつかの想定をした場合の結果を試算して、「働き方改革」でどこまで減らせることになるのかを考えてみたい（表1）。表の中の「二〇二二年調査」の列は、二〇二二年の調査で得られた高校教諭の平日一日当たりの在校等時間（分）の内訳である。朝の業務が三四分、授業（主担当）が一七四分、……というふうに内訳が平均値で示されており、一日の合計は前述の通り六〇六分である。

ほとんどの自治体では、条例により公立高校教員の勤務時間を一日七時間四五分と定めているから、本来あるべき制度設計では、超過勤務がない状態を想定して、仕事の総量は一日四六五分に収まらなければならない。それと現実との落差は一四一分である。では、「働き方改革」をもっと徹底して進めてみたらどうなるだろうか。

まず、「想定1」の列は、生徒の指導に関わりの薄い仕事（「朝の業務」と「学年・学級経営」以下の十数項目）を半減させてみた場合の数値である。ただし、学校の活動を進めるために不可欠な事務・会議などがあるので、各項目を「ゼロにする」ことは現実的ではない。そこで、ここでは「半減させる」という想定で試算をしてみた。試算の結果は、五三四分である。右記の四六五分との間には大きな距離がある。事務の効率化や会議の精選だけではどうにもならない。

そこで、「想定2」の列は、「想定1」に加えて、「成績処理」の効率化と「部活動・クラブ活動」の外部委託を進め、それらの時間を半減した場合の数値である。成績処理の時間は効率化できてもゼロにはならないし、部活動等の一部は教員の手に残るものもあるはずなので、ここでも「半減」で計算した。しかし、それでも、四九九分にとどまる。

さらに、「想定3」では、想定1・2に加えて、集団的な生徒指導及び学校行事にかけている時間を半減させてみた。それでも試算の結果は四八七分で、まだ目標の四六五分には届かない。しかも、集団指導や学校行事はすでに精選されてきているので、さらにそれらを削減するかどうかは、指導の必要性という点で教員や保護者から異論が出るかもしれない。

表の「想定4−1」以降は、教員をもっと増やしてみたらどうなるかの試算である。

＊

事の削減の試算

「想定1」授業・指導に直接関わらない業務を半減した場合

「想定2」それに加えて成績処理の効率化・部活動の外注でそれぞれ半減した場合

「想定3」それに加えて、生徒指導（集団1・2）と学校行事を半減した場合

「想定4-1」それに加えて、授業（高50分）を1日0.4コマ減らす（授業準備等はそのまま、採点はコマ数比例で削減）

「想定4-2」想定2に加えて、授業（高50分）を1日0.6コマ減らす（授業準備等はそのまま、採点はコマ数比例で削減）

「想定5」想定2に加えて、勤務時間中に自己研鑽時間を30分確保するため1日1.0コマ減らす（授業準備等はそのまま、成績処理はコマ数比例で削減）

注1：「在校等時間」の定義上は、「勤務時間外における自己研鑽及び業務外の時間」と「休憩時間」を除くとされている。労働基準法上は、休憩時間は無給、休息時間は有給である。勤務時間中の休憩時間（45分）は「在校等時間」に該当しない。なお、「在校等時間」には、①校外において職務として行う研修や児童生徒の引率等の職務に従事している時間、②各地方公共団体で定めるテレワークの時間、が含まれる。

注2：この行の数値は「教諭の1日あたりの在校時間の内訳」表には入っておらず、総計から各項目を引いて数字を算出した。

表1　高校教諭平日の在校等時間[1] 内訳（10月・11月）をもとにした仕

業務内容		高校教諭（平日）						
		2022年調査	時間削減の想定					
			1	2	3	4-1	4-2	5
児童生徒の指導	朝の業務	34	17.0	17.0	17.0	17.0	17.0	17.0
	授業（主担当）	174	174.0	174.0	174.0	154.0	144.0	124.0
	授業（補助）	18	18.0	18.0	18.0	18.0	18.0	18.0
	授業準備	124	124.0	124.0	124.0	124.0	124.0	124.0
	学習指導	22	22.0	22.0	22.0	22.0	22.0	22.0
	成績処理	31	31.0	15.5	15.5	13.7	12.8	11.0
	生徒指導（集団1）	11	11.0	11.0	5.5	5.5	11.0	11.0
	生徒指導（集団2）	3	3.0	3.0	1.5	1.5	3.0	3.0
	生徒指導（個別）	20	20.0	20.0	20.0	20.0	20.0	20.0
	部活動・クラブ活動	40	40.0	20.0	20.0	20.0	20.0	20.0
	児童会・生徒会指導	1	1.0	1.0	1.0	1.0	1.0	1.0
	学校行事	10	10.0	10.0	5.5	5.5	10.0	10.0
	学年・学級経営	15	7.5	7.5	7.5	7.5	7.5	7.5
学校の運営	学校経営	24	12.0	12.0	12.0	12.0	12.0	12.0
	職員会議・学年会などの会議	18	9.0	9.0	9.0	9.0	9.0	9.0
	個別の打ち合わせ	6	3.0	3.0	3.0	3.0	3.0	3.0
	事務（調査への回答）	3	1.5	1.5	1.5	1.5	1.5	1.5
	事務（学納金関連）	1	0.5	0.5	0.5	0.5	0.5	0.5
	事務（その他）	17	8.5	8.5	8.5	8.5	8.5	8.5
	校内研修	2	1.0	1.0	1.0	1.0	1.0	1.0
外部対応	保護者・PTA対応	3	1.5	1.5	1.5	1.5	1.5	1.5
	地域対応	0	0.0	0.0	0.0	0.0	0.0	0.0
	行政・関係団体対応	1	0.5	0.5	0.5	0.5	0.5	0.5
校外	校務としての研修	5	2.5	2.5	2.5	2.5	2.5	2.5
	会議	5	2.5	2.5	2.5	2.5	2.5	2.5
その他	その他の校務	10	5.0	5.0	5.0	5.0	5.0	5.0
	職専免研修、自己研鑽、休息等[2]	8	8.0	8.0	8.0	8.0	8.0	30.0
総計（分）		606	534	499	487	465	466	466

まず、「想定4－1」は、想定1～3に加えて、一人当たりの持ちコマ数を平均で一日〇・四コマ減らす教員増を実施したときの数値である。ここでは、持ちコマ数の削減に比例して成績処理の時間も削減させたが、授業の充実を考えて授業準備等の時間はそのまま維持するものとした。一人当たり〇・四コマ減らしてようやく四六五分のラインに届いた。

また、「想定4－2」は、集団指導や学校行事の時間を現状のままにし、想定1・2に加えて、一人当たりの持ちコマ数を平均で一日〇・六コマ減らす教員増を実施したときの数値である。この試算では四六六分になった。

ここまでの作業で示したことは、①いろんな校務を半減させても、それだけでは四六五分には収まらない、②教員の持ちコマ数を削減すれば、ようやくその線に届く、ということである。

3◆思い切った定数増が必要！

しかしながら、われわれがもっとよい高校教育を望むのであれば、高校教員が職務時間中にもっと自由に学べる時間が確保されることが必要ではないだろうか。実は、前述した一九六六年の文部省による勤務実態調査では、一週間に承認研修が二六三分、自主研修が七五分存在していた。それを加えても、当時の一週間の総労働時間は五〇時間二七分（休憩時間を含む）だった(3)。いまの「在校等時間」の定義に合わせて休憩時間四五分を五日分差し引くと四六時間四二分になり、今の在校等時間の週五二時間四四分よりも三六二分も短い。一九五三年の日教組調査でも、「自発的な研修」が一週間に四二分存在した。昔の高校教員は、多くの勤務時間を自己研鑽に充てることができていた。現在はそこの部分がほぼなくなってしまっている。

現場の先生に話を聞くと、「新しいカリキュラムや新しい教育の考え方をしっかり勉強する時間がない」とか、

「端末やソフトを配られても、それを使いこなして新しい授業をデザインする時間がない」という話をよく聞く。教育内容や教育方法が大きく変化して、教員自身がもっと勉強する必要が高まっている時代になっているのに、その余裕がないのである。

そこで表の右端の列に想定5を示してみた。想定5は、想定1・2に加えて、勤務時間中に「自己研鑽」(あるいは校長の承認による職専免研修)の時間を一日当たり三〇分確保することを想定している。「学び続ける教員」であるためには、勤務時間内に学ぶ時間を確保することが必要だからである。教員の持ちコマを一日当たり一・〇コマ減らすための定数増をやれば、公立高校の教員は一日三〇分(一週間で一五〇分)の勉強時間を確保できることになる。「思考力・判断力・表現力」を育むような質の高い授業をやれる教員、AI技術の進化に伴って次々と登場する新しい機器やコンテンツを使いこなす教員になってもらうためには、そのための時間の確保が必要である。思いきった定数増で教員一人ひとりの持ちコマを削減して、時間の余裕を作り出すしか手がなさそうに思われる。ただし、もしも教員が大幅に増えれば、さまざまな校務の負担もそれに合わせて減るから、実際のコマ数削減はここでの想定よりももう少し小幅なもので収まるはずである。

4◆どうやって定数増を進めるのか?

定数増を進めるためには、いくつかの方策が考えられる。

第一に、公立学校の教員の人件費は各自治体に交付された地方交付税でまかなわれているから、各自治体に裁量がある。自治体に要求して独自の判断で予算を組み替えてもらい、高校教員を増員することは可能である。ただし、他の予算費目との綱引きになるから、首長や議会の理解が必要である。

第二に、高校教員の定数算出の根拠になっている高校標準法の改正を国に求めることができる。たとえば、大規模校のほうがより長時間労働が多い傾向があるので、そこをしっかりとデータにして、高校標準法に定めてある係数の見直しを求めればよいだろう。

第三に、高校関係者だけの訴えではものが動きにくい。そうだとしたら、いま議論が進んでいる小中学校教員の問題をめぐる議論の場に、「高校も改善を」と訴えていくべきである。

第四に、長期的には少子化が進んでいるので、それを見こして、高校設置基準（四〇人学級）や、高校標準法の見直しを求めていくことである。今の四〇人学級と高校標準法の枠組みのままで教員数を「自然減」させていくのではなく、「高校教育の質の向上させるために基準や係数を変えてくれ」、と求めるというやり方である。

ここで示した試算はラフなものだが、もっとしっかりしたデータを作って、定数改善の議論をしっかりやっていってほしい。

●注

1 人事院給与局『教員の超勤問題に関する資料』（東京大学経済学部図書館蔵）一九七一年、一二五頁の表から算出。

2 日本教職員組合調査部『日本の教師と父母にうったえる――教職活動実態調査から』日本教職員組合、一九五六年、第一八表から算出。

3 ただし、服務時間外に行われた自主研修や社会教育等は調査されていないので数値に含まない。

（初出：広田照幸（二〇二三）「高校教員の長時間労働問題を考える」『月刊高校教育』第五六巻第一一号、学事出版、四二～四七頁。ただし少し加筆している。）

8・高橋　哲

公立学校教員による時間外労働の違法性

■給特法のもとでも労働対価が払われるべき?

1◆教員の「働き方改革」をめぐる政策と運動の隘路

本章の目的は教員の多忙化問題の「本丸」がどこにあるかを探り、「公立の義務教育諸学校等の教育職員の給与等に関する特別措置法」（以下、「給特法」と記す）のもとでも、教員の無定量な時間外労働は違法であることを提示することにあります。

周知のように、教員の長時間労働が、教員個々人の労働問題にとどまらず、「公教育の危機」として認識されるなかで、「給特法」という法律が耳目を集めています。後に詳しくみるように、給特法は公立学校教員のみを対象として、給料月額四％の教職調整額を支給する代わりに、時間外・休日勤務手当（超勤手当）を支給しないという特殊ルールを適用する法律です。それゆえ、この法律は「定額働かせ放題法」(1)とも揶揄され、この法律の改廃問題が現在の政策論議の焦点となりつつあります。

文部科学省（以下、「文科省」と記す）に設けられた「質の高い教師の確保のための教職の魅力向上に向けた環境の在り方等に関する調査研究会」は、二〇二三年四月一三日に「論点整理」を公表し、教職調整額の見直しとともに、メリハリある給与体系と新手当の創設を提起しました。また、自民党内には「令和の教育人材確保に関する特命委員会」が設置され、五月一六日には「令和の教育人材確保実現プラン」が公表されています。そこでは、「令和六年度中に給特法改正案を国会に提出し、教職調整額を少なくとも一〇％以上に増額する」とした上で、「職務の負荷に応じたメリハリある給与体系の構築のために、より多段階の新たな級を給料表に設定する」ことを明示しています。いずれも給特法の基本構造をそのままに、むしろ、わずかな「小遣い」の増額による差別的給与体系の構築に力点があるとみられます(2)。

二〇二三年一一月現在、具体的な法改正案については、中央教育審議会「質の高い教師の確保特別部会」にて審議されており、同部会は法改正に先立って、「教師を取り巻く環境整備について緊急的に取り組むべき施策」と題する提言を二〇二三年八月二八日付で発しています。しかし、その内容はさらなる業務の適正化や、保護者・地域住民等との理解・協力など、従来の文科省が推進してきた「働き方改革」を繰り返すにとどまっており、「竹やりによる働き方改革」ともいえる状況が続いているのです。

こうした中で、運動論としては教員多忙化の温床となっている給特法を廃止すべきとの主張が声高になされており(3)、立憲民主党からは議員立法として、二〇二三年六月二日に「公立学校働き方改革の推進に関する法律案」が衆議院に提出されました。法案三条には、給特法について「その廃止を含めて抜本的な見直し」を行うことが明記されています。

このように、教員の多忙化問題が社会的に認識されるなかで、給特法が注目をあび、この法律が教員の無定量な時間外労働を許容するものとして、その改廃が政策上の焦点になりつつあります。いわば、教員の「働き方改革」をめぐり「給特法維持」か、「給特法廃止」かという二項対立図式のもとで政策と運動の綱引きが行われているのです。しかしながら、この二項対立図式の前提となっている給特法理解は、後述するように、必ずしも正しいものとはいえません。その本来的な法構造にみるならば、教員を無定量な「タダ働き」に付しておくことは、給特法のもとでも違法であり、その時間外労働に対価が支払われる必要があるからです。

では、なぜこれまでその違法性が明るみに出されずに「働かせ放題」状態となってきたのでしょうか？　この問題を以下で概説したいと思います。

2◆給特法問題の本丸

1　文科省の誤った「解釈と運用」

そもそも、給特法が現在の教員の「タダ働き」を「合法」としているという認識は、公立学校教員にも労働基準法（以下、「労基法」と記す）が適用されていることからみて誤った事実認識です。周知のように、民間労働者、あるいは私立・国立学校の教員においては、労基法三二条により労働時間が週四〇時間、一日八時間に制限され、この上限を超える場合は、労使協定の締結による労働者の同意のもとに（三六条）、上限を超えた労働時間に対して超勤手当を支給することが義務づけられています（三七条）。これに対して公立学校教員には、労基法三二条の上限規制は適用されますが、先にみたように、給特法により給料月額四％の教職調整額を支給する代わりに、労基法三七条を適用除外し超勤手当を支給しないという特殊ルールが適用されています。これが給特法をして「定額働かせ放題法」と呼ばれる所以となってきました。

しかしながら、給特法にはもう一つ重要なルールが存在します。それが、教員の時間外勤務の対象業務を、いわゆる「超勤四項目」に限定するという特殊ルールです。すなわち、給特法のもと、合法な時間外勤務は、①生徒実習に関する業務、②学校行事に関する業務、③職員会議に関する業務、④非常災害等やむをえない場合に必要な業務、という四つの業務に限定するというルールです。一九七一年に給特法が制定された時の国会審議によれば、このような特殊ルールが定められた趣旨は、「量ではなく内容による歯止め」をかけることにより、教員の時間外労働が無定量にならないようにする、という点にあったことが示されています[4]。すなわち、給特法は「働かせ放題法」ではなく、同じく携帯電話にたとえるならば、定額基本料金以外の従量課金はないものの、使用できるアプリを四つに限定するというルールを定めるものなのです。

ところが、給特法をめぐる重要な問題は、教員の時間外労働の大半が「超勤四項目」以外の業務であふれているという事実です。本来であれば、一日八時間、週四〇時間を上限とする労基法三二条からみて、「超勤四項目」以外の時間外業務が発生している時点で、それは労基法違反にあたり、「課金」が必要なのです。では、なぜその違法性が問われず、「働かせ放題」状態となってきたでしょうか？　それが、文科省の「解釈と運用」によってもたらされた害悪であり、給特法問題の「本丸」なのです。

驚くべきことに、文科省はこれまで一貫して、「超勤四項目」以外の業務は、校長の預かり知らないところで教員が勝手に行った「自発的行為」として、その労働時間性を否定してきました。すなわち、「超勤四項目以外の勤務時間外の業務は、超勤四項目の変更をしない限り、業務内容《ママ》の内容にかかわらず、教員の自発的行為として整理せざるをえない。……教職員の自発的行為に対しては、公費支給はなじまない」[5]（傍点引用者）と説示してきたのです。いわば、実際に発生している「超勤四項目」以外の業務を、労基法の規制対象となる「労働時間」（労基法上の労働時間）とは認めず、管理者である校長の関知しない「自発的行為」と位置づけ、超勤手当の支給も必要ないと解釈、運用してきたのです。この文科省の「解釈と運用」により、教員の時間外労働が、無定量な「タダ働き」と化してきたのです。

それゆえ、教員の時間外労働を「自発的行為」とする解釈と運用をまずは否定しなければ、仮に給特法が廃止されたとしても、その時間外労働は労基法が規制対象とする労働時間とは認められず、「自発的行為」と処理されたまま超勤手当の対象にもされない可能性が高いのです。給特法廃止に伴い教職調整額が廃止され、その上、超勤手当も支給されないという「ディストピア」が容易に想像できるのです。

自民党案を主軸に展開される給特法案の問題は、この解釈と運用をそのままに、「タダ働き」を放置するものであり、せめてもの「小遣い」を増額する案に過ぎません。それゆえ、この給特法改正案に対して、教職調整額が一〇％に増額されることをもって「よりまし」とする評価も、あるいは、程度の問題として「不十分」とする評価も、そして、教員の時間外労働を労働時間として認めぬ文科省の解釈を是正せずに安易に給特法廃止を説くことも、いずれも誤りであるといわねばなりません。

2　混迷を深める文科省の「解釈と運用」

ご存じのように、教員の多忙化が社会的に認識される中で、二〇一九年一二月に給特法の一部が改正され、「上限指針」なるものが文科省告示として導入されました。この「上限指針」は、「超勤四項目」以外の業務を含めた教員の勤務時間を「在校等時間」と称して、時間外の在校等時間を原則として月四五時間、年間三六〇時間（特別の事情がある場合は最大で月一〇〇時間、年間七二〇時間）に規制するというものです。学校現場ではこれにより、「月四五時間」を超えないための自助努力が求められてきました。

実は、この「上限指針」が導入されたことにより、文科省の「解釈と運用」は、混迷を極めています。なぜならば、時間外の在校等時間を月四五時間、年間三六〇時間に留めるとしたことは、「超勤四項目」以外の業務を含めて校長に勤務時間管理を義務づけるものであり、もはやその時間は校長の預かり知らない「自発的行為」ではないからです。

にもかかわらず、文科省は「上限指針」の対象となる「在校等時間」は「労基法上の労働時間」に該当しないと説示し続けています。二〇二一年六月二一日に更新された最新の「上限指針Q&A」によると、文科省は、「労基法上の労働時間」を以下のように定義しています。すなわち、「厚生労働省が作成した『労働時間の適正な把握のために使用者が講ずべき措置に関するガイドライン』によれば、労働基準法における『労働時間』とは、使用者の指揮命令下に置かれている時間」（傍点引用者）であるとしています。この定義のもと、「教師に関しては、校務であったとしても、使用者からの指示に基づかず、所定の勤務時間外にいわゆる『超勤四項目』に該当するもの以外の業務を教師の自発的な判断により行った時間は、労働基準法上の『労働時間』には含まれない」（傍点引用者）と公言しているのです。このように、文科省は「使用者の指示」がなければ「労基法上の労働時間」に該当しないとし、教員の時間外勤務を依然として「自発的行為」として処理しています。

しかしながら、注目されるべきは、文科省が依拠している厚労省ガイドラインは、このような「使用者の指示」のみを根拠とする労働時間の定義を採用していない点です。たしかに、文科省が引用するように、厚労省ガイドラインは「労働時間とは、使用者の指揮命令下に置かれている時間のことをいい、使用者の明示又は黙示の指示により労働者が業務に従事する時間」と記載しています。しかし、そこには「但し書き」が付されているのです。前記の定義に続けて、「客観的に見て使用者の指揮命令下に置かれていると評価されるかどうかは、労働者の行為が使用者から義務づけられ、又はこれを余儀なくされていた等の状況の有無等から、個別具体的に判断されるものであること」（傍点引用者）としているのです。

この定義からするならば、近年問題となっている「強制部活動」や、授業準備、校務資料の作成などは、いずれも「使用者から義務づけられ、又はこれを余儀なくされた」業務であり、労働時間に該当します。それゆえ、文科省が「労基法上の労働時間」の定義にあたり「使用者の指示」のみを強調することは、準拠しているはずの厚労省ガイドラインをも歪曲するものなのです。

先にみたように、自民党案に反対する運動や教育学者の界隈では、給特法が「働かせ放題法」であるとの認識が共有され、それが原動力となって「給特法廃止」論が説かれてきました。しかしながら、法律学を専門とする研究者や実務家においては、この文科省解釈こそが法律の解釈を誤ったものであり、教員の長時間労働の温床であることが周知の事実とされてきたのです(6)。それゆえ、給特法問題とは教員の時間外労働を「自発的行為」として処理する文科省の「解釈と運用」によってもたらされた弊害であり、「超勤四項目」以外の業務を「タダ働き」に付すことは給特法のもとでも違法である、という前提事実の共有が必要です。

これまで文科省は教員の働き方改革が遅々として進まない要因を、財務省が予算増額を許さないことに求めてきました。もちろん、教員の長時間労働の根本的な解決のために、教員定数の増員とそのための予算が不可欠であることはいうまでもありません。しかしながら、教員の「タダ働き」をめぐる問題に関しては、文科省自らが生み出してきた給特法の「解釈と運用」をめぐる弊害をまずは除去すべきなのです。

3◆埼玉教員超勤訴訟の意義と課題

では、文科省が頑なにこの「解釈と運用」の誤りを認めず、これを前提に政策論議も進行しているなかで、何ができるのか？　その一つの手法として考えられるのが、裁判を通じた教育政策の是正という手段です。

現職公立小学校教員の田中まさお教諭（仮名）を原告とする埼玉教員超勤訴訟は、労基法三二条違反を正面に据え、教員が実際に行った時間外労働が、「自発的行為」ではなく、労基法の規制対象とする「労働時間」に該当することを問いました。その上で、たとえ給特法によって労基法三七条に定められた超勤手当が適用除外されていたとしても、労基法三二条に違反して働かせた時間外労働に対して、国家賠償法（以下、「国賠法」と記す）に基づき、損害賠償が支払われるべきであるというロジックを立てたのです。いわばこの訴訟は、教員が実際に行っている時間外労働を「自発的行為」として処理し、「タダ働き」に付してきた文科省解釈を是正するための裁判であったといえます。

それゆえ、この裁判の行方がマスコミなどを含めて注目されてきましたが、残念ながら一審（さいたま地判令三・一〇・一労判一二五五号五頁）、二審（東京高判令四・八・二五裁判所ＨＰ）ともに原告の請求をいずれも棄却し、最高裁もまた二〇二三年三月八日に上告棄却の決定（最二小決令五・三・八 DI-Law 文献番号28311308）を行いました。これらの判決に対しては、法律専門家からも、また、ネット上からも厳しい批判が寄せられています。他方で、一審判決の「付言」が給特法の欠陥を指摘し、「給特法を含めた給与体系の見直しなどを早急に進め、教育現場の勤務環境の改善が図られることを切に望む」と苦言を呈したことを評価する向きもあります。

しかしながら、一審・二審判決は、労基法の基本原則からみて問題点が少なくないものの、給特法が「定額働かせ放題」の法律であるとの認識や、そのような認識を前提に進む働き方改革へのアンチテーゼを確実に投げかける法律判断をも示しています。ここでは、この裁判が独自に設定した労基法三二条違反に伴う国家賠償請求をめぐる法律判断に絞ってこの判決の意義と問題をみてみましょう。

1 「労基法上の労働時間」該当性について

労基法三二条違反に伴う国家賠償請求をめぐる判示内容にみるならば、一審・二審判決ともに以下のような二つの争点に大別することができます。すなわち、①「超勤四項目」以外の業務が「労基法上の労働時間」に該当するのかという争点と、②認定された労働時間への損害賠償請求が認められるかという争点です。

そこで「労基法上の労働時間」該当性をめぐる判断からみてみると、一審判決は、給特法のもとでも、労基法三二条の「規制が及ぶことになる」とした上で、始業時刻前、休憩時間中、終業後の時間外勤務につき、合計三七七時間二三分を「労基法上の労働時間」と認定しました。この一審判決により、正規の勤務時間外に行われた「超勤四項目」以外の業務が、裁判上はじめて「労基法上の労働時間」として認定されたのです。

また、判決は労働時間該当性の判断にあたり、「労基法三二条の定める労働時間とは、労働者が使用者の指揮命令下におかれている時間をいう」とし、民間労働判例のリーディングケースである三菱重工長崎造船所事件最高裁判決（最一小判平成一二・三・九民集五四巻三号八〇一頁）を引き、客観的に使用者の指揮命令下にあったかを判断するという手法を採用しました。この最高裁判決は、労働時間の定義にあたり「労働者が就業を命じられた業務の準備行為等を事業所内において行うことを使用者から義務づけられ、又はこれを余儀なくされたときは、……使用者の指揮命令下におかれたものと評価することができる」（傍点引用者）と判示したもので、先にみた厚労省ガイドラインの根拠となった判決です。つまり、その仕事が労働時間であるかを判断するにあたり、「使用者からの指示」があったかどうかに固執するのではなく、客観的にその労働が「使用者から義務づけられ、又はこれを余儀なくされたとき」には労働時間に該当するという判断基準を示したのです。

一審判決はこの判断基準のもと、特に終業後の各業務に関して、「別紙四」で一八頁にわたり詳細に審査し、教室の掲示物の管理や学年だよりの作成などは職員会議で共有、決定された業務であるとして、また、業者テストの採点や花壇の草取り・管理などは授業に付随する業務として、いずれも「労基法上の労働時間」に該当するとしたのです。

さらに重要な点は、給特法のもとでも労基法三二条の上限を超えた労働時間が放置されていた場合には、国賠法上も違法となり、損害賠償請求の対象となりうるとしたことです。判決は、「校長の職務命令に基づく業務を行った時間……が日常的に長時間にわたり、時間外勤務をしなければ事務処理ができない状況が常態化」しているなどの場合に、校長には「その違反状態を解消するために、業務量の調整や業務の割振り、勤務時間等の調整などの措置を執るべき注意義務がある」としました。その上で、「これらの措置を執ることなく、法定労働時間を超えて当該教員を労働させ続けた場合には、この注意義務に違反したものとして、その服務監督者及び費用負担者は、国賠法一条一項に基づく損害賠償責任を負う」としたのです。つまり、教員の時間外労働が常態化し、校長がこれを放置していたならば、給特法のもとでも、その時間外労働は違法となることが示されたのです。いわば、判決は、給特法が「働かせ放題法」ではないことを明らかにしたといえるでしょう。

この裁判所の判示部分は極めて重要です。先にみたように、文科省は「上限指針」のもと、時間外の在校等時間を月四五時間、年間三六〇時間、特別な事情がある場合は月一〇〇時間までとし、これを「タダ働き」とすることを「合法」としています。しかしながら、この判決は、「超勤四項目」以外の「在校等時間」に関しても「労基法上の労働時間」に該当する時間が存在し、また、それが放置されていたならば、国賠法上も違法となるという法的枠組みを示したのです。その意味で、労基法三二条違反に伴う国家賠償請求の可能性が示されたことは、月四五～一〇〇時間もの「タダ働き」を常態化させる「上限指針」に対して、事実上の違法宣告を突きつけるものといえます。

2　校長の注意義務違反の有無について

他方、一審判決の問題点は、校長の注意義務違反の有無をめぐる法律判断にありました。判決は、労基法三二条の上限を超えた労働時間が存在し常態化していた場合に校長の注意義務違反となる可能性を認めていましたが、教員の労働が自主的に行われた業務と「渾然一体」となっていることや、校長に厳密な時間管理責任が与えられていないことなどを理由に注意義務違反にはあたらないとしたのです。

さらに問題なのは、一審判決が校長の注意義務違反を否認するにあたり、原告の損害が軽微であったことを理由に掲げている点です。判決は、「法定労働時間を超過した月が最大で15時間未満であり、直ちに健康や福祉を害するおそれのある時間外労働に従事させられたとはいえない」とし、「原告に社会通念上受忍すべき限度を超えるほどの精神的苦痛を与えているとは言い難い」として、算出された法定時間外労働が「受忍」の範囲内であるとしました。

しかし、原告の月当たりの時間外労働が最大でも一五時間未満であったと評価された背景には、最終的に原告の法定時間外労働時間の総計が三二時間五七分と算出されたという驚くべき事態があったのです。

先にみたように、一審判決は時間外に行われた合計三七七時間二三分を「労基法上の労働時間」と認めました。しかし、これらがそのまま、法定時間外労働とは算出されなかったのです。実は、この計算式こそが原告の損害を過小評価する最大の要因となりました。判決は原告の法定時間外労働を算出するにあたり、正規の勤務時間のうち、専科教員が担当していた音楽、書写、そして児童下校後の時間を「空き時間」とし、会議等のなかった「空き時間」を時間外労働の総計から差し引くという驚くべき手法を用いたのです。この結果、「労基法上の労働時間」として認められた三七七時間二三分から「空き時間」等が差し引かれ、最終的に三二時間五七分のみが法定時間外労働とみなされました。これが「法定労働時間を超過した月でも最大で一五時間未満である」という損害の過少評価を導き出す要因となったのです。

仮に譲歩して、三二時間五七分のみを法定時間外労働とみなしても、これに対する請求を認めず、「タダ働き」として処理することは、給特法の特殊ルールに照らしても許されません。なぜならば、文科省解釈にそって給特法が「超勤四項目」以外の「自発的行為」とされた業務を許容するとしても、「労基法上の労働時間」として認められた以上、教職調整額とは別に労働対価が支払われてしかるべきだからです。

このように、一審判決は校長の注意義務違反をめぐる判断に、より多くの問題を含んでおり、その法律判断に重大な誤りがあったといわざるをえません。この法律判断の是正こそが、控訴審に期待されていたのですが、二審判決は一審判決の判断枠組みを基本的に是認し、また「空き時間」を差し引くことも、校長の注意義務違反の有無を判断する上では問題ないというロジックを「補強」するにとどまりました。それゆえ、下級審が誤った法律判断を行ったことに対して、最高裁による是正が求められていたのです。

4◆新たな争点としての憲法二六条問題――子どもの教育を受ける権利

1 「第二次訴訟」への試み

埼玉教員超勤訴訟の上告に対して、最高裁は二〇二三年三月八日付けにて上告棄却、不受理の決定を行いました。報道では、最高裁が「二審の給特法の解釈に不合理な点はないと判断したとみられる。……別の教員が今後同様の訴訟を起こしても、残業代が認められる可能性は低くなった」との評価がなされています(7)。しかし、最高裁の決定は、あくまで民事訴訟法三一二条に定められた「判決に憲法の解釈の誤りがあることその他憲法の違反があること」という上告理由を満たしていないとするものです。この背景には、埼玉教員超勤訴訟が労基法違反を主たる争点としてきたため、憲法問題の立ち後れのあったことが否めません。ただし、最高裁は一審・二審判決の内容を実質的に審査しておらず、その法律判断が正しかったのかは、不問に付されたままとなっています。

他方で、注目されるのが、二審判決が「労基法上の労働時間」の該当性に関しては、一審の事実認定に手をつけずに、むしろ放課後に開催された学年会に係る四時間超を追加認定するなど、「労基法上の労働時間」の存在自体を否定しなかった点です。見方を変えれば、二審は原審の事実認定をそのままに、法律判断の適否をめぐる審査を最高裁に委ねていたとみることもできます。この訴訟は、一人の小学校教員を原告とする訴訟ではありますが、全国すべての地域の教員が、おなじ法律と就業ルールのもとで働いているため、その波及効果から、違法判決は下級審にとってあまりにも高いハードルとなったことが考えられます。それゆえ、違法な「労基法上の労働時間」の存在を認めながら、国賠法上の違法性を否認するという法律判断の是非を、改めて最高裁に問うことが求められているのです。

そのため、埼玉教員超勤訴訟の原告団は、第二次訴訟を原告公募制とクラウド・ファンディングによる資金援助をベースに、学校段階の異なる複数人の原告により、異なる地域の裁判所において、集団訴訟として提起することを計画しています(8)。田中まさお教諭を原告とする第一次訴訟は、教員の長時間労働をめぐる問題を労基法ベースで検討してきましたが、第二次訴訟では、当初より憲法問題を争点として設定することにより、第一次訴訟で示された法律判断を最高裁の場で問うことが課題となっています。

2　子どもの教育問題としての教員多忙化

その憲法問題の構成は、すでに指摘されてきたように、公立学校教員のみが私立学校、国立学校教員から差別されているという憲法一四条「法の下の平等」をめぐる問題、あるいは、勤労条件基準の法定主義を定める二七条二項違反を中心として構成されることになると思われます(9)。しかしながら、教員の超勤訴訟においては、もう一つ考えなければならない憲法問題があります。それが、憲法二六条の「教育を受ける権利」をめぐる問題です(10)。これを考えることは、教員において違法な時間外労働の「損害」が何かという第一次訴訟でも問われた争点を明確にするように思われます。

労働法学者の毛塚勝利教授は、労働時間規制の意義について、それは健康被害の防止や労働者の「自由時間」を確保するにとどまらず、「労働者が、家庭人として家族責任を引き受け、市民として社会責任を引き受ける」という公的な側面をもった「生活時間」を保障することにあると指摘しています(11)。学校教員においては、この「生活時間」の公共的性格がより明確で、家庭や地域での活動に加え、本人が終業後や休日に自己研鑽することも、子どもの教育に還元されるという性質をみることができます。それゆえ、教師の生活時間は、子どもの「教育を受ける権利」を保障するための「教育専門家としての生活時間」という固有性があるといえます。

実際に、二〇二三年四月二八日に公表された最新の文科省「教員勤務実態調査（速報値）」では、「空いた時間をどのように使いたいですか」との問いに対して、「『業務外のプライベートの時間を充実させたい』と回答した者が小学校において約四九％、中学校において約五六％いる一方で、『更なる授業準備や教材研究等に充てたい』等、業務の質向上に関する回答が小学校において約四八％、中学校において約四一％存在している」との所見が示されました。また、二〇二三年三月に公表された全日本教職員組合の勤務実態調査においても、「もっと時間をかけたいこと」という質問項目に対して、通常学級の担任教員のうち「授業・学習指導とその準備」と回答した者が九六・四％、「学習指導以外の子どもの指導」が六三・六％、「自主的な研修や自己研鑽」が四五・一％と、子どもたちの成長・発達に寄与するための時間を求める声が上位を占めていたのです(12)。

ここからみられるのは、長時間労働による教師の精神的苦痛とは、教育専門家として子どもに十分な教育を施せないという苦痛にあるといえるでしょう。法定労働時間を大きく超えて働かされている教師たちの「損害」とは、子どもの「教育を受ける権利」を保障することができない「教師としての精神的苦痛」なのであり、「教育専門家としての生活時間」という法益の侵害なのだといえます。

それゆえ、教師の長時間労働をめぐる憲法問題は、教師自身の人権問題としての一四条違反、二七条違反が基軸となりながらも、教師が教師としての教育活動を行うことを不能とし、子どもの教育を受ける権利を侵害するものとして、憲法二六条論をふまえて構成される必要があるといえます。教師の長時間労働をめぐる問題を「教員の労働問題」から「子どもの教育問題」へと昇華し、保護者、市民との共同の契機とすることが求められています。

●注

1　内田良・斉藤ひでみ『教師のブラック残業――「定額働かせ放題」を強いる給特法とは――』（学陽書房、二〇一八年）四八頁。

2　自民党案等のより詳細な分析については、髙橋哲「支配としての給特法改正問題」『教育』九三四号（二〇二三年）五頁。

3　内田良・小室淑恵・田川拓麿・西村祐二『先生がいなくなる』（PHP研究所、二〇二三年）八四頁。

4　給特法の国会審議と立法主旨の詳細については、髙橋哲『聖職と労働のあいだ――教員の「働き方改革」への法理論――』（岩波書店、二〇二二年）の第二章を参照。

5　中央教育審議会・教職員給与の在り方に関するワーキンググループ第八回資料五（二〇〇六年一一月一〇日）。

6　毛塚勝利「教員労働時間法制の在り方を考える」『日本教育法学会年報』五二号（二〇二三年）四二頁。同旨、堀口悟郎

「憲法学からみた教員多忙化問題――埼玉教員超勤訴訟を中心に――」『岡山大学法学会雑誌』七二巻三・四号（二〇二三年）八六頁、上田貴子「判例報告――埼玉県小学校教員・時間外割増賃金等請求事件――」『自治総研』五三九号（二〇二三年）二六頁ほか。

7　毎日新聞オンライン二〇二三年三月一〇日〈https://mainichi.jp/articles/20230310/k00/00m/040/299000c : last visited on November 15, 2023〉。

8　江夏大樹「日本の公教育を崩壊させない――『埼玉超勤訴訟』第二次訴訟へ――」『教育』九三四号（二〇二三年）三二頁。

9　憲法一四条、二七条問題を指摘するものとして、嶋﨑量「判批」『労働法律旬報』二〇〇一号（二〇二二年）二二頁、両角道代・山田省三「労働判例この一年の争点」『日本労働研究雑誌』七四八号（二〇二二年）二四頁ほか。また、早津裕貴准教授は給特法自体の違憲状態を主張している点で注目されます（早津裕貴「給特法における労基法三七条適用除外の合憲性に関する検討」連合総研『日本における教職員の働き方・労働時間の実態に関する調査研究報告書』二〇二三年、一九二頁）。

10　第一次訴訟上告にあたり、最高裁に意見書を提出した憲法学者の堀口悟郎准教授も憲法二六条問題の重要性を指摘しています（堀口・前掲注（6）七三頁）。

11　毛塚勝利「労基法労働時間法制からの脱却を」『日本労働研究雑誌』六九〇号（二〇一八年）七七頁。

12　全日本教職員組合「教職員勤務実態調査二〇二二最終集計」（二〇二三年三月一五日）一〇頁。

9・大橋基博

教員の長時間労働と部活動顧問「制度」

1◆はじめに

教員の長時間労働の要因の一つが部活動の指導に従事することにあることは今日では周知のことです（大橋・中村、二〇一六）。文部科学省（以下、「文科省」と記す）が二〇二二年度に実施した「教員勤務実態調査」（文科省、二〇二三）によると、中学校教諭は、平日に平均三七分、土日は一時間二九分にわたり部活動・クラブ活動に従事しています。二〇一六年度の調査では土日の平均は二時間九分でした。土日の従事時間が減少したことは、この間、部活動顧問の強制問題、連続勤務など部活動をめぐる問題が、「ブラック部活」などとして大きく取り上げられ、部活動の在り方の見直しが進められてきたことが背景にあります。

二〇一五年の夏頃、旧ツイッターで「部活動の顧問制度はおかしい」という投稿が注目をあび、その年の一二月に「部活問題対策プロジェクト」が立ち上げられ、顧問の選択制を求める署名活動が行われました。中央教育審議会（以下、「中教審」と記す）で「学校における働き方改革」の審議が始まると、現職教員が「現職審議会」というプロジェクトを立ち上げ、部活動問題に関する発信を続けました。翌年以降、部活動改革の動きは活発となり、長沼豊は二〇一六年を「部活動改革元年」と呼んでいます。二〇一七年一二月には「部活動の研究の充実、発展を図ることを目的」とする日本部活動学会も発足しました。近年は教員の負担軽減などを目的に土日の部活動の「地域移行」が図られています（大橋、二〇二三）。

本章では教員の勤務実態と部活動の関係を検討し、これから教員が部活動にどう関わっていけばいいのか、ないしは関わらずにいくのかといった問題を考えていきます。なお、部活動の実態は中学と高校とでは大きく異なりますので、（公立）中学校に焦点をあてて検討を行います。

2◆部活動の位置付け、実態

1　学習指導要領における部活動の位置付け、「教育的意義」

二〇一七年に改訂された中学校学習指導要領の総則「第5　学校運営上の留意事項」の箇所で、「生徒の自主的、自発的な参加により行われる部活動については、スポーツや文化、科学等に親しませ、学習意欲の向上や責任感、連帯感の涵養等、学校教育が目指す資質・能力の育成に資するものであり、学校教育の一環として、教育課程との関連が図られるよう留意すること。その際、学校や地域の実態に応じ、地域の人々の協力、社会教育施設や社会教育関係団体等の各種団体との連携などの運営上の工夫を行い、持続可能な運営体制が整えられるようにするものとする」と記述されています。部活動は、教科や特別活動などとは異なり教育課程の外にある活動で、学校での実施が義務付けられた活動ではなく、もし実施する場合は、学校教育の一環として行われるものであり、それは生徒の自主的、自発的参加により行われるものであることと位置付け、部活動の持続可能な運営体制の整備の必要などの留意点が記述されています。『中学校学習指導要領（平成二九年告示）解説　総則編』ではその「教育的意義」として、「異年齢との交流の中で、生徒同士や教員と生徒等の人間関係の構築を図ったり、生徒自身が活動を通して自己肯定感を高めたりする」ことをあげています。

2　部活動の実態――生徒の状況

スポーツ庁の調査（スポーツ庁、二〇二二）では、中学生男子の七二・八％、女子の五六・四％が運動部に、男子の一一・〇％、女子の三七・七％が文化部に所属しています。二〇一六年度の調査と比べると、運動部では男子は五・四ポイント、女子は一・三ポイント減少しています。

学校全体として部活動加入の義務付けをしているかどうかに関して、二〇一七年度にスポーツ庁が行った調査（スポーツ庁、二〇一八）では、公立中学校では、「部活動への所属は、生徒の希望である」が六六・七％、「全員が所属し、活動も原則参加する」が三〇・四％でした。希望制であっても学校の「指導」によって事実上全員参加の学校もあると言われています。

3　部活動の実態――教員の実態

内田良は著書の中で部活動の顧問の苦しい実態を示しています（内田、二〇一七）。朝練や日々の時間外勤務に加えて土日に時間を奪われる実態。「早く負けてほしい」という顧問の衝撃的な発言。配偶者が部活動指導に時間を奪われ家庭を顧みないことへの嘆きなどです。そこで紹介されている「部活動未亡人」という言葉は一九九八年に刊行された内海和雄の著書ですでに登場しています（内海、一九九八、八一頁）部活動の指導に長時間従事し、その結果過労死した教員も何人もいます。

以下では、具体的な数字で部活動顧問の負担の実態を見ていきます。

スポーツ庁の調査（スポーツ庁、二〇一八）では、「部活動顧問教員の配置方針」をたずねています。公立中学校では「全教員が顧問に当たることを原則とし、一つの部に複数名の顧問を配置することとしている」が六四・〇％、「全教員が顧問に当たることを原則とし、部ごとの顧問の人数は部員数等に応じて配置している」が二七・一％、「全教員が複数の顧問に当たることを原則としている」が二・七％で、九三・八％の公立中学校が「全員顧問制」をとっています。「希望制」はわずか二・二％でした。中学校の教員は部活動の顧問に従事することが事実上ほぼ義務付け・強制されていると言っていいでしょう。具体的な顧問を決める方法は、一部の自治体では職務命令で行われていますが、多くの自治体・学校では職員会議に諮られる「校務分掌」の一環ないしは校長からの「お願い」で決められています(1)。

同調査では「部活動顧問の配置に関する考え」を聞いています。公立中学校教員の二八・〇％が「全教員を当たらせるべき」と回答していますが、四一・三％の教員は「希望する教員のみを当たらせるべき」と回答しています。

「部活動に関する課題や悩み」について公立中学校の教員は「校務が忙しくて思うように指導できない」が五四・七％、「自身の心身の疲労・休息不足」が五一・八％、「校務と部活動の両立に限界を感じる」が四七・九％、「自身のワークライフバランス」が四五・三％で「特段の課題や悩みはない」はわずか三・八％でした。

「思うように指導できない」背景には、まったく経験したことのない競技の指導を任せられることもあります。日本スポーツ協会の調査（日本スポーツ協会、二〇二一）によると、「担当教科が保健体育ではない」かつ「現在担当している運動部活動の競技経験がない」教員は、中学校で二六・九％でした。これらに該当する教員のうち、三五・九％が「自分自身の専門的指導力の不足」を課題としていました。同調査では運動部活動における休養日・活動時間の増減希望をたずねていますが、休養日を増やしたい教員は、男子の二一・二％、女子では二九・〇％、平日の活動時間を減らしたいのは、男子の一三・一％、女子では一九・一％となっており、女性教員の負担感が相対的に高いことが分かります。

日本教職員組合が二〇二二年に実施した調査（日本教職員組合、二〇二二）によると、教員（小学校・中学校・高校・特別支援学校）の週休日（土・日）における在校等時間の平均は一時間四〇分、中学校は三時間三五分で、全校種で、運動部の顧問は三時間四二分、文化部の顧問は二時間一六分、顧問はしていない教員は五一分となっており、部活動の指導が休日出勤の大きな要因となっていることが分かります。同報告書では「部活動顧問の場合、働き方改革による時間短縮はみられないことが明らかである。在校等時間の短縮を進めるためには、週休日における部活動のあり方を見なおす必要があることは明らかである」と指摘しています。

全日本教職員組合が二〇二二年に実施した調査（全日本教職員組合、二〇二三）では、教諭の、校内での時間外と持ち帰りを含めた時間外勤務の「平均」は月九六時間一〇分（中学教諭は九八時間四分）でした。部活動の顧問で「対外試合やコンクールのある運動部・文化部・組織の役員」の場合、一ヶ月平均は一〇八時間一三分、「対外試合やコンクールのない運動部・文化部」の場合は九〇時間四二分でした。「顧問はしていない」教員も八八時間九分の時間外勤務がありますが、これは土日の持ち帰りが長くなっているためだと同調査は分析しています。「日常の業務の中で、それにかける時間を減らしたいこと」のトップは中学校教員の場合、「教育委員会などに提出する資料や統計、報告書の作成」で六九・三％、続いて「部活動や課外活動」の三九・八％でした。

連合総研が二〇二二年に実施した調査（連合総研、二〇二三）では「勤務日（月〜金）における授業以外の主な業務（五つ以内選択）」をたずねています。中学校教員では、「部活動指導」が七六・二％で一番多く、「教材研究・授業準備」が七五・七％でした。部活動指導が中学校教員の大きな負担になっていることが分かります。

3◆部活動改革の動向

第2節でみたように、部活動の指導を教員が担うことには教員の長時間労働による健康面への影響、授業準備など教員の本務への影響などの大きな問題があり、昨今では教員不足の一つの要因とも指摘されるに至っています。「ブラック部活」が社会問題化したこともあり、文科省も数々の対応策を出してきました。以下では、簡単にその流れを紹介します。

二〇一五年一二月に出された中教審の「チームとしての学校の在り方と今後の改善方策について（答申）」では、部活動の指導を充実させるという観点から部活動指導員（仮称）などの専門スタッフの参画の必要性を述べています。しかし、二〇一四年に公表されたＯＥＣＤ国際教員指導環境調査（ＴＡＬＩＳ）の結果などで日本の教員の長時間労働の実態、その中でも部活動指導の占める割合の高さなどが問題とされ、対応に変化が表れました。

二〇一六年六月、文科省に設置されたタスクフォースは「学校現場における業務の適正化に向けて」を取りまとめ、その中で、「教員の担うべき業務に専念できる環境を確保する」こと、「教員の部活動における負担を軽減すること」「長時間労働という働き方を見直す」ことなどを打ち出しました。部活動に関しては「休養日の明確な設定等を通じ、部活動運営の適正化を推進する」「部活動指導員の配置など部活動を支える環境整備を推進する」ことを示しました。この時点では、部活動を学校で行うこと、その担い手の中心が教員であることには疑問は出されていませんでした。

二〇一六年一二月一日に出された中教審答申「幼稚園、小学校、中学校、高等学校及び特別支援学校の学習指導要領等の改善及び必要な方策等について」では学校の教育活動の一環として部活動を推進するという前提で、「将来にわたる持続可能性を踏まえた部活動の在り方」として、「教育課程との関連を図った適切な運営」のための改善方策が示されました。

これらの考え方に大きな変更が加えられたのは、中教審で繰り広げられた「学校における働き方改革」の論議です。すでに「ブラック部活」が社会問題となっていたこともあり、二〇一七年一二月二二日に出された「中間まとめ」では、「競技等の経験がなく部活動の指導に必要な技能を備えていない教師等が部活動の顧問を担わなければならない場合には負担を感じている」との認識を示し、部活動数の適正化、合同部活動や総合型地域スポーツクラブ等との連携等を進めるべきとし、さらに部活動を学校単位の取組から地域単位の取組にし、「学校以外が担うことも積極的に進めるべきである」と改革の方向性を示しました。二〇一八年には「運動部活動の在り方に関する総合的なガイドライン」「文化部活動の在り方に関する総合的なガイドライン」が策定され、「適切な休養日等の設定」「地域との連携等」「学校単位で参加する大会等の見直し」などが求められました。

今日、部活動改革の方向は、部活動の「地域移行」「地域展開」に移っています。二〇一九年の「一年単位の変形労働時間制の適用」「業務量の適切な管理等に関する指針の策定」を導入した給特法（公立の義務教育諸学校等の教育職員の給与等に関する特別措置法）の改正案の国会審議では、衆参両院で「政府は、教育職員の負担軽減を実現する観点から、部活動を学校単位から地域単位の取組とし、学校以外の主体が担うことについて検討を行い、早期に実現すること」という付帯決議が行われました。

文科省は二〇二〇年九月一日、学校における働き方改革推進本部第四回会合で「学校の働き方改革を踏まえた部活動改革について」を取りまとめました。そこでは「休日の部活動の段階的な地域移行（学校部活動から地域部活動への転換）」という方針が示され、「令和五年度以降、休日の部活動の段階的な地域移行を図るとともに、休日の部活動の指導を望まない教師が休日の部活動に従事しないこととする」と二〇二三年度から移行を開始すること、休日の部活動指導を希望しない教員は従事しなくてよいという方針が示されました。

「地域移行」を具体化するために、スポーツ庁は「運動部活動の地域移行に関する検討会議」、文化庁は「文化部活動の地域移行に関する検討会議」を設置し、それぞれ「提言」が出されました。両提言では、学校単位で、教師が指導する部活動を、今後も現状の形で維持していくことは極めて困難であるという認識のもとで、休日の部活動から段階的に地域移行していくことを基本とすべきとしました。そして二〇二三年度からの三年間を部活動改革の「改革集中期間」として位置付けました。これらの提言に対しては、地方団体などから、経費負担のあり方、受け皿の確保の問題、期限を切って地域移行を進めることへの懸念が示されました。パブリックコメントでも「三年間の移行達成は現実的に難しい」との声が寄せられました。

スポーツ庁、文化庁は二〇二二年一二月二七日、「学校部活動及び新たな地域クラブ活動の在り方等に関する総合的なガイドライン」を策定しました。同ガイドラインでは、「地域の実情に応じ」「できるところから取組を進めていくことが望ましい」という考え方で、「改革集中期間」という記述が「改革推進期間」と変更されました。文科省は二〇二三年度予算編成に際して、「運動部活動の地域移行に向けた支援」として七六億七千万円を要求しましたが、認められたのはわずか一〇億円でした。

4◆部活動顧問「制度」の問題点と今後の展望

スポーツ庁は「これから、だんだんと、休日の部活動は学校単位ではなく、地域クラブ活動として地域で実施するようになります。これは子どもたちのための大改革です。部活動のこれまでの『当たり前』から抜け出し、地域で行うクラブ活動として、新しい『当たり前』を創り出しましょう」と呼びかけています(2)。しかし、「部活動の地域連携・地域移行」には多くの課題があります。

① 移行するのが当面は土日などの休日に限定されて平日の移行はその次の段階として考えられていること。
② 土日の移行に関して地域での受け皿(指導者、施設・設備等)が十分にないこと。
③ 部活動の民営化につながり、それに伴う保護者負担の増加に対する理解が得られるのか疑問であること。
④ 部活動の指導を希望する教員が存在すること。

そしてより根本的な問題として、子どもたちのスポーツ・文化享受権を学校、地域を通してどのように保障するのかという問題が十分に検討されていないことです。現時点では、学校で行われる部活動によって、全国各地の中学校で何らかのスポーツ・文化活動が教育課程外の時間帯に、最低限の費用負担で生徒に提供されています。平日も含めて地域移行が早急に完了するか、部活動の指導を部活動指導員や外部指導者にすべて委ねることができれば教員の過剰負担を解消すると同時に子どもたちのスポーツ・文化享受権を保障することができます。しかし、地域移行が展開されたとしても、全国的に完成するのは一〇年、二〇年先の話になると予想されます。現時点で平日の部活動の地域移行に関していくつかの自治体が具体的な計画案を示しています。しかし、当面、多くの自治体では教員が関わる形で部活動が行われることが予想され教員の負担は解消されません。そこで早急に教育現場で確認されるべきことを示します。

①　土日（休日）に学校が部活動を行う必要はないこと。

部活動が「学校教育の一環」であればそれは授業日に行うことが原則です。野外調査、練習試合などの例外を除いて、休日に部活動を行う必要はありません。「土日の部活動の地域移行」という発想自体を問題とすべきです。土日に子どもたちがどのような活動を行うのかは各家庭、地域社会、各種団体が考えることです。

②　教員に部活動指導義務はないこと。

部活動は教員に時間外勤務を命ずることができる場合を定めた「超勤四項目」に該当しません。たとえば名古屋市の教員の勤務時間は、午前八時一五分から午後四時四五分までが一般的です。多くの学校は午後三時四五分から四時三〇分までを労働基準法で定められた「休憩時間」としています。教員の勤務時間を守ると部活動の指導は四時三〇分から四五分の間の一五分しかできないことになります。教員が勤務時間内に部活動の指導を行うことは事実上、不可能です。また、部活動も「教育活動の一環」として行われるものです。「教育活動の一環」である以上、部活動の指導には教育学およびその競技等に対する高い専門的指導能力が求められます。これらをすべての教員に求めるのは過剰な要求といえます。学校長がその競技の専門家である教員に職務命令で部活動指導を依頼できるとしても、長期休業期間中の勤務日に、校務に支障のない範囲で依頼できるのみで、通常の授業日に依頼することはすべての校務が勤務時間内に終了できていることが条件となります。しかしこのような条件はないことを各種調査が証明しています。それゆえに、今は、教員の自主的・自発的な活動＝ボランティア活動として部活動指導が「整理」されています。このような脱法的な法解釈・運用は直ちに停止すべきです。

③　もし部活動を実施する場合は「学校教育の一環」という条件を完全に満たすこと。

部活動を学校で行う場合は以下の内容が担保されることが必要です。

ア　教育活動であるので、教育基本法の教育目的にそった活動であること。
イ　学習指導要領で示された留意点等を遵守すること。
ウ　指導者にはその指導部活動（種目）に関する専門的知識、技能を有することの証明を求めること。
エ　他の教育活動との調和がとれていること（活動時間数などの調整）。
オ　選手養成、勝利を目的とした活動でないこと（全国大会、対外試合の制限）。
カ　授業日の実施を原則とすること（休業日の実施は練習試合などに限定し、年間の実施日数等にも制限を加える）。
キ　評価の観点を加えること（これは入試等で利用するという意味ではなく、部活動を通して生徒がどのように成長したかを評価すること）。

これら三点をすべて満たすことは可能でしょうか。部活動指導に特化した教員を多数配置すれば可能となるかもしれませんが、現実的ではありません。学校教育の範囲で、教員の軽負担で、何らかの形で子どもたちのスポーツ・文化享受権を保障するためにはどのような形があり得るのでしょうか。その方策として「活動の総量規制」「ゆとり部活」（内田・大橋・中村他、二〇一七）などが考えられます。学校で教員が指導する部活動は、一週間に数回、九〇分程度にするという活動時間の制限を行い、勝利を目的としない活動にし、部活動を通して生徒らが自治、自律を学ぶというように部活動の目的、活動スタイルを転換させれば、一定数の教員が部活動に関わることが予想されます。このような転換を行えば学校での持続可能性も出てくると考えられます。この場合は部活動指導に対する手当を支給することが必要になります。

部活動指導の負担から教員を解放することは急務です。現在の部活動は教員に事実上無償労働を強制する脱法的な「制度」によって行われています。私たちの部活動に対する「見方」「期待」などを改めて見直すことからこの問題の解決を図っていくことが必要です。

●注

1 某県の県立高校での顧問の決定方法については、N・N（二〇一九）「県立高校における部活動顧問の決定方法と実態」『日本部活動学会研究紀要』第二号を参照。

2 スポーツ庁「部活動改革ポータルサイト～学校部活動の地域連携・地域クラブ活動への移行（地域移行）に向けて～」〈https://www.mext.go.jp/sports/b_menu/sports/mcatetop01/list/1372413_00003.htm〉（二〇二三年一一月一〇日閲覧）。

●参考文献

内海和雄（一九九八）『部活動改革――生徒主体への道――』不昧堂出版。

内田良（二〇一七）『ブラック部活動　子どもと先生の苦しみに向き合う』東洋館出版。

内田良・大橋基博・中村茂喜・東剛貴史・小野田正利（二〇一七）「座談会　まだまだ黙っていられない！『ブラック部活の実態2』『季刊教育法』一九二号、エイデル研究所。

大橋基博（二〇二三）「学校部活動の地域移行とその課題」日本子どもＮＰＯセンター編『子どもＮＰＯ白書二〇二三』鳴海

出版。

大橋基博・中村茂喜（二〇一六）「教員の長時間労働に拍車をかける部活動顧問制度」『季刊教育法』一八九号。

スポーツ庁（二〇一八）「平成二九年度運動部活動等に関する実態調査報告書」〈https://www.mext.go.jp/sports/b_menu/sports/mcatetop04/list/detail/__icsFiles/afieldfile/2018/06/12/1403173_2.pdf〉（二〇二三年一一月一〇日閲覧）。

――（二〇一八）「運動部活動の在り方に関する総合的なガイドライン」〈https://www.mext.go.jp/sports/b_menu/shingi/013_index/toushin/1402678.ht〉（二〇二三年一一月一〇日閲覧）。

――（二〇二二）「令和四年度全国体力・運動能力、運動習慣等調査結果」〈https://www.mext.go.jp/sports/b_menu/toukei/kodomo/zencyo/1411922_00004.html〉（二〇二三年一一月一〇日閲覧）。

スポーツ庁・文化庁（二〇二二）「学校部活動及び新たな地域クラブ活動の在り方に関する総合的なガイドライン」〈https://www.bunka.go.jp/seisaku/bunkashingikai/kondankaito/bunkakatsudo_guideline/h30_1227/index.html〉（二〇二三年一一月一〇日閲覧）。

全日本教職員組合（二〇二三）「教職員勤務実態調査2022」〈https://www.zenkyo.jp/news/9757/〉（二〇二三年一一月一〇日閲覧）。

日本教職員組合（二〇二二）「二〇二二年　学校現場の働き方改革に関する意識調査」〈https://www.jtu-net.or.jp/school/2022%e5%b9%b4%e3%80%80%e5%ad%a6%e6%a0%a1%e7%8f%be%e5%a0%b4%e3%81%ae%e5%83%8d%e3%81%8d%e6%96%b9%e6%94%b9%e9%9d%a9%e3%81%ab%e9%96%a2%e3%81%99%e3%82%8b%e6%84%8f%e8%ad%98%e8%aa%bf%e6%9f%bb/〉（二〇二三年一一月一〇日閲覧）。

日本スポーツ協会（二〇二一）「学校運動部活動指導者の実態に関する調査報告書」〈https://www.japan-sports.or.jp/Portals/0/data/katsudousuishin/doc/R3_houkokusho.pdf〉（二〇二三年一一月一〇日閲覧）。

文化庁（二〇一八）「文化部活動の在り方に関する総合的なガイドライン」〈https://www.bunka.go.jp/seisaku/bunkashingikai/

kondankaito/bunkakatsudo_guideline/h30_1227/index.html〉（二〇二三年一一月一〇日閲覧）。

文部科学省／次世代の学校指導体制にふさわしい教職員の在り方と業務改善のためのタスクフォース（二〇一六）「学校現場における業務の適正化に向けて」〈https://www.mext.go.jp/a_menu/shotou/uneishien/detail/__icsFiles/afieldfile/2016/06/13/1372315_03_1.pdf〉（二〇二三年一〇月三一日閲覧）。

――学校における働き方改革推進本部第四回／二〇二〇年九月一日「学校の働き方改革を踏まえた部活動改革」〈https://www.mext.go.jp/content/20200901-mxt_kouhou01-100002242_7.pdf〉（二〇二三年一〇月三一日閲覧）。

――（二〇一七）「教員勤務実態調査（平成二八年度）（確定値）について」〈https://www.mext.go.jp/b_menu/shingi/chukyo/chukyo3/079/siryo/__icsFiles/afieldfile/2018/09/28/1409717_4_1.pdf〉（二〇二三年一〇月三一日閲覧）。

――（二〇二三）「教員勤務実態調査（令和四年度）【速報値】について」〈https://www.mext.go.jp/b_menu/houdou/mext_01232.html〉（二〇二三年一〇月三一日閲覧）。

連合総研（二〇二三）『もっと子どもたちと向き合いたい～教職員の働き方改革の促進に向けて～日本における教職員の働き方・労働時間の実態に関する調査研究報告書』連合総研。

編・著者一覧（執筆順）

広田照幸（ひろた・てるゆき）――編者・執筆〈まえがき、1、5、6、7〉
日本大学文理学部教授。一九五九年広島県生まれ。東京大学大学院教育学研究科博士課程修了。教育学博士。南山大学助教授、東京大学教授などを経て、二〇〇六年より現職。著書に『陸軍将校の教育社会史――立身出世と天皇制』（サントリー学芸賞・世織書房、一九九七年）、『日本人のしつけは衰退したか――「教育する家族」のゆくえ』（講談社、一九九九年）、『学校はなぜ退屈でなぜ大切なのか』（筑摩書房、二〇二二年）など多数。

中嶋哲彦（なかじま・てつひこ）――編者・執筆〈1、3〉
愛知工業大学工学部教授、名古屋大学名誉教授。著書に『生徒個人情報への権利に関する研究――米国のFERPAを中心に』（風間書房、二〇〇〇年）、『教育委員会は不要なのか――あるべき改革を考える』（岩波書店、二〇一四年）、『国家と教育――愛と怒りの人格形成』（青土社、二〇二〇年）など多数。

浜田博文（はまだ・ひろふみ）――執筆〈2〉
筑波大学人間系教授。一九六一年山口県生まれ。筑波大学大学院博士課程教育学研究科退学。博士（教育学）。鳴門教育大学助手、東京学芸大学助教授、筑波大学准教授などを経て、二〇〇八年より現職。著書に『「学校の自律性」と校長の新たな役割――アメリカの学校経営改革に学ぶ』（一藝社、二〇〇七年）、『学校を変える新しい力――教師のエンパワーメントとスクールリーダーシップ』（小学館、二〇一二年）、『学校ガバナンス改革と危機に立つ「教職の専門性」』

（学文社、二〇二〇年）など多数。

前川喜平（まえかわ・きへい）――執筆〈4〉
現代教育行政研究会代表。日本大学文理学部非常勤講師。一九五五年奈良県生まれ。一九七九年東京大学法学部卒業、文部省（現・文部科学省）に入省。大臣官房長、初等中等教育局長などを経て、二〇一六年事務次官。二〇一七年退官。著書に『面従腹背』（毎日新聞出版、二〇一八年）、『権力は腐敗する』（毎日新聞出版、二〇二一年）、『コロナ期の学校と教育政策』（論創社、二〇二二年）など。

田中真秀（たなか・まほ）――執筆〈5〉
大阪教育大学連合教職実践研究科准教授。一九八二年大阪府生まれ。筑波大学大学院人間総合科学研究科ヒューマンケア科学専攻満期取得退学。博士（教育学）。兵庫教育大学特命助教、川崎医療福祉大学助教、大阪教育大学特任准教授を経て、二〇二二年より現職。論文に「地方分権改革後の教職員給与政策の実態――教員評価システムとの連動と教職員組合の交渉」（日本教育行政学会年報（四三）、二〇一七年）など。

橋本尚美（はしもと・なおみ）――執筆〈6〉
日本大学文理学部人文科学研究所研究員。一九七〇年広島県生まれ。日本大学大学院文学研究科教育学専攻博士後期課程満期退学。教育学修士。論文に「生徒が定時制高校入学に至るプロセスとその課題――『生活体験発表大会』の生徒の語りから――」（日本大学文理学部人文科学研究所『研究紀要』第一〇六号、二〇二三年）など。

高橋　哲（たかはし・さとし）――執筆〈8〉
大阪大学大学院人間科学研究科准教授。一九七八年埼玉県生まれ。東北大学大学院教育学研究科博士後期三年の課程修了。博士（教育学）。埼玉大学准教授、コロンビア大学客員研究員（フルブライト研究員）を経て、二〇二三年より現職。著書に『現代米国の教員団体と教育労働法制改革――公立学校教員の労働基本権と専門職性をめぐる相克』（風間書房、二〇一一年）、『聖職と労働のあいだ――「教員の働き方改革」への法理論』（岩波書店、二〇二二年）など多数。

大橋基博（おおはし・もとひろ）――執筆〈9〉

名古屋造形大学造形学部特任教授。一九五三年愛知県生まれ。名古屋大学大学院教育学研究科博士課程満期退学。敦賀女子短期大学、名古屋造形芸術短期大学などを経て、二〇一九年から現職。あいち県民教育研究所所長。共著に『資料で読む教育と教育行政』（勁草書房、二〇〇二年）、『テキスト 教育と教育行政』（勁草書房、二〇一五年）など。

教員の長時間勤務問題をどうする？
———研究者からの提案

2024年3月30日　第1刷発行 ©

編　者　中嶋哲彦・広田照幸
装幀者　M. 冠着
発行者　伊藤晶宣
発行所　(株)世織書房
印刷所　新灯印刷(株)
製本所　協栄製本(株)

〒220-0042　神奈川県横浜市西区戸部町7丁目240番地　文教堂ビル
電話045-317-3176　振替00250-2-18694

落丁本・乱丁本はお取替えいたします　Printed in Japan
ISBN978-4-86686-034-3

教育勅語と学校教育
――教育勅語の教材使用問題をどう考えるか

日本教育学会教育勅語問題ワーキンググループ編

執筆者＝中嶋哲彦・小野雅章・有本真紀・三羽光彦・本田伊克・
大橋基博・米田俊彦・瀧澤利行・折出健二・西島央・広田照幸（執筆順）

子ども・若者の教育・教育行政に携わる人々に向けた、教育勅語に関する最新の知見

二〇一七年三月三一日、政府は学校における教育勅語の使用を容認する答弁を公式見解として表明した。これを受けて、同年五月、政府の教育勅語使用容認答弁の問題点を学術的に明らかにするため、日本教育学会の法人理事会は、「教育勅語問題ワーキンググループ」を設置。本書は、この研究報告書を柱とし、公開シンポジウムでの主な発言者等の論考を加えて編集したものである。教育勅語の成立過程とその歴史的意味、戦前・戦中における教育勅語の利用実態、敗戦後における教育勅語の排除、第一九三回国会における政府答弁の問題点などを学術的に明らかにしている。

また、一九四七年の日本国憲法施行・教育基本法制定や、一九四八年の衆参両院での教育勅語排除・失効確認決議によって確立された原則を整理し、学校で教育勅語を扱う際に則るべき五つの原則を提言。現場で役立つ、教育勅語の教材使用についてのQ＆Aも掲載している。

【目　次】

A5判・並製・全二九六頁、本体二四〇〇円＋税
二〇一八年四月刊行　ISBN978-4-86686-000-8　C3037

【教育学年報】第3期

11 教育研究の新章（下司晶・丸山英樹・青木栄一・濱中淳子・仁平典宏・石井英真・岩下誠＝編）

12 国　家（青木栄一・丸山英樹・下司 晶・濱中淳子・仁平典宏・石井英真＝編）

13 情報技術・AIと教育（石井英真・仁平典宏・濱中淳子・青木栄一・丸山英樹・下司晶＝編）

14 公教育を問い直す（佐久間亜紀・石井英真・丸山英樹・青木栄一・仁平典宏・濱中淳子・下司晶＝編）

11 5000円　12 3400円　13 3600円　14 4600円

家族とジェンダー●教育と社会の構成原理
藤田英典
2600円

《「愛国心」》のゆくえ●教育基本法改正という問題
広田照幸
2400円

教育の世界が開かれるとき●何が教育学的思考を発動させるのか
矢野智司・井谷信彦＝編
4400円

人間学
栗原彬＝編
2400円

現代ドイツの教育改革●学校制度改革と「教育の理念」の社会的正統性
前原健二
3600円

〈価格は税別〉

世 織 書 房